OSHO

O livro das mulheres

FUNDAMENTOS PARA UMA NOVA HUMANIDADE

OSHO

O livro das mulheres
Como entrar em contato com o poder feminino

Tradução
Patrícia Arnaud

14ª edição

Rio de Janeiro | 2023

CIP-BRASIL. CATALOGAÇÃO NA PUBLICAÇÃO
SINDICATO NACIONAL DOS EDITORES DE LIVROS, RJ

O91L
14ª ed.

Osho, 1931-1990
O livro das mulheres / Osho; tradução: Patrícia Arnaud. –
14ª ed. – Rio de Janeiro: Best*Seller*, 2023.
il.

Tradução de: The book of women
ISBN 978-85-7684-707-6

1. Vida espiritual. 2. Meditação. I. Título.

14-12070

CDD: 299.93
CDU: 299.9

Texto revisado segundo o novo Acordo Ortográfico da Língua Portuguesa.

TÍTULO ORIGINAL:
THE BOOK OF WOMEN
Copyright © 1995, 1998 OSHO International Foundation
Copyright da tradução © 2014 by Editora Best Seller Ltda.

Publicado mediante acordo com OSHO International Foundation, Switzerland.
www.osho.com/copyrights

O material contido neste livro foi selecionado a partir de vários discursos de Osho
para plateias ao vivo. Todos os discursos de Osho foram publicados na íntegra
como livros, e estão também disponíveis como gravações de áudio.
Os arquivos completos de gravações e textos se encontram em www.osho.com

OSHO é uma marca registrada da Osho International Foundation,
www.osho.com/trademarks.

Capa: Gabinete de Artes
Editoração eletrônica: Abreu's System

Todos os direitos reservados. Proibida a reprodução,
no todo ou em parte, sem autorização prévia por escrito da editora,
sejam quais forem os meios empregados.

Direitos exclusivos de publicação em língua portuguesa para o Brasil
adquiridos pela
EDITORA BEST SELLER LTDA.
Rua Argentina, 171, parte, São Cristóvão
Rio de Janeiro, RJ – 20921-380
que se reserva a propriedade literária desta tradução

Impresso no Brasil

ISBN 978-85-7684-707-6

Seja um leitor preferencial Record.
Cadastre-se e receba informações sobre nossos
lançamentos e nossas promoções.

Atendimento e venda direta ao leitor:
sac@record.com.br

Todos os capítulos foram obtidos
a partir de discursos espontâneos
feitos por Osho.

Sumário

Introdução	9
FEMININO	11
A HISTÓRIA DELE	23
MOVIMENTO FEMINISTA	37
SEXUALIDADE	50
O CASAMENTO	65
AMOR	84
RELACIONAR-SE	101
MATERNIDADE	123
FAMÍLIA E CONTROLE DE NATALIDADE	138

CRIATIVIDADE	164
O CORPO	180
A MENTE	215
MEDITAÇÃO	247
Informações adicionais	251

Introdução

"Como você, sendo homem, pode falar sobre a psique feminina?"

Não estou falando como um homem, assim como não estou falando como uma mulher. Nem tampouco estou falando como uma mente. A mente é utilizada, mas estou falando como consciência, como percepção. E a consciência não é nem ele nem ela, a consciência não é nem homem nem mulher. O corpo tem essa divisão, e a mente, também, porque a mente é a parte interna do corpo e o corpo é a parte externa da mente. O corpo e a mente não são separados; pelo contrário, são uma entidade única. Na verdade, dizer corpo e mente não é correto; o "e" não deve ser usado. O ser humano é corpomente, sem nem mesmo um hífen entre os dois.

É por isso que, com o corpo e com a mente, as palavras "masculino" e "feminino" são relevantes, significativas. Mas há algo além dessas duas palavras, há algo transcendental. E ele é a verdadeira essência, é o seu ser. Esse ser consiste apenas de consciência, testemunho, vigilância. É pura consciência.

Não estou falando aqui como um homem, pois, do contrário, seria impossível falar sobre a mulher. Estou falando como consciência. Vivi no corpo feminino muitas vezes, assim como vivi no corpo masculino outras tantas, e testemunhei tudo. Vi todas as casas, vi todas as peças de roupa. O que lhe digo é a conclusão de muitas, muitas vidas; e não tem nada a ver com esta vida apenas. Esta vida é apenas o ponto culminante de uma longa, longa peregrinação.

Portanto, não tente ouvir o que tenho a dizer como um homem ou uma mulher, caso contrário não estará ouvindo a mim. Ouça-me como consciência.[1]

---

[1] *O Dhammapada*, Volume 8, Capítulo 12.

Feminino

"**P**arece-me que você é realmente o primeiro homem que este planeta já conheceu que compreende as mulheres e as aceita. Por favor, comente."

Já disse que uma mulher tem que ser amada, não compreendida. Esta é a primeira compreensão.

A vida é tão misteriosa que as mãos do ser humano não conseguem chegar à sua altura, e os olhos não conseguem investigar o seu mais profundo mistério. Compreender qualquer expressão da existência – seja o homem ou a mulher, sejam árvores, animais ou pássaros – é função da ciência, não de um místico. Não sou um cientista. Para mim, a ciência em si é um mistério, e somente agora os cientistas passaram a reconhecer isso. Eles estão abandonando a velha atitude teimosa e supersticiosa de que um dia vão ter conhecimento de tudo o que é para ser conhecido.

Com Albert Einstein toda a história da ciência tomou um caminho muito diferente, porque, quanto mais ele se aprofundava no cerne da questão, mais confuso ficava. Toda a lógica foi deixada de lado, toda a racionalidade foi deixada de lado. O indivíduo não pode dar ordens à existência, porque ela não segue a sua lógica. A lógica é feita pelo homem. Houve um momento na vida de Albert Einstein, que ele se lembrava, de estar hesitante sobre se devia insistir em ser racional... mas isso seria tolice. Seria humano, mas não inteligente. Mesmo que o indivíduo insista na lógica, na racionalidade, a existência não vai mudar de acordo com sua lógica; sua lógica é que tem que mudar de acordo com a existência. E quanto mais fundo se vai, mais misteriosa se torna a existência. Chega um momento em que é preciso deixar de lado a lógica e a racionalidade para ouvir apenas a natureza. Chamo a isso de compreensão final, mas não no sentido comum de compreensão. Todo mundo sabe disso, todo mundo sente isso, mas não há nenhuma maneira de como dizer isso.

O homem é um mistério, a mulher é um mistério, tudo o que existe é um mistério, e todos os esforços para se descobrir o mistério vão ser falhos.

Lembro-me de um homem que estava em uma loja de brinquedos comprando um presente de Natal para o filho. Ele era um matemático bem conhecido e, portanto, naturalmente, o gerente da loja apresentou-lhe um quebra-cabeça. O matemático tentou... era um belo quebra-cabeça. Tentou e tentou e tentou e começou a transpirar. A situação estava ficando embaraçosa. Os clientes, os vendedores e o gerente estavam, todos, olhando, e nada de o matemático conseguir finalizar o quebra-cabeça. Por fim, ele desistiu da ideia e gritou para o gerente:

– Sou um matemático, e se não consigo resolver este quebra-cabeça, como você acha que o meu menino poderá fazê-lo?

– Você não compreende. Ele é feito de forma que ninguém consiga resolvê-lo, seja matemático ou não – explicou o gerente.

– Mas por que é feito dessa forma? – perguntou o matemático.

– Simplesmente para que o menino, desde o princípio, comece a aprender que a vida não pode ser resolvida, não pode ser entendida – argumentou o gerente.

O ser humano pode viver o mistério, pode curti-lo, pode tornar-se uno com o mistério, mas a ideia de compreender como um observador não é possível, de jeito nenhum.

Eu não me compreendo. O maior mistério para mim sou eu mesmo. Apesar disso, posso dar algumas pistas:

Um psiquiatra é um sujeito que faz a você um monte de perguntas caras, as mesmas perguntas que sua esposa lhe faz sem cobrar nada.

A chave para a felicidade: a pessoa pode falar de amor, ternura e paixão, mas o real êxtase é descobrir que não perdeu suas chaves, afinal.

As mulheres começam resistindo aos avanços do homem e terminam bloqueando sua retirada.

Se quiser mudar a mente de uma mulher, concorde com ela.

Se quiser saber o que uma mulher realmente quer dizer, é preciso olhar para ela, não ouvi-la.

A senhora foi até o policial e disse:

– Seu guarda, aquele homem na esquina está me irritando.

– Estive observando o tempo todo – disse o policial –, e aquele homem não estava sequer olhando para a senhora.

– Bem – disse a mulher –, não é irritante?

O jovem romântico virou-se para a bela jovem em sua cama e perguntou:

– Sou o primeiro homem com quem você já fez amor?

Ela pensou por um momento e depois respondeu:

– Pode ser. Tenho uma memória terrível para guardar fisionomias.

Tudo é misterioso: é melhor desfrutar do mistério do que tentar entendê-lo. Em última análise, o homem que continua tentando compreender a vida revela ser um tolo, enquanto o homem que desfruta a vida torna-se sábio e continua aproveitando a vida, porque se torna cada vez mais consciente dos mistérios que rondam todas as pessoas.

A maior compreensão é saber que nada pode ser compreendido, que tudo é misterioso e miraculoso. Para mim, esse é o início da religião na vida do indivíduo.[1]

"Poderia, por favor, explicar quais são as reais diferenças entre homens e mulheres?"

A maior parte das diferenças entre homens e mulheres existe devido a milhares de anos de condicionamento. Embora não sejam fundamentais para a natureza, há algumas diferenças que dão ao ser humano uma beleza única: a individualidade. Essas diferenças podem ser apuradas com muita facilidade.

Uma das diferenças é que a mulher é capaz de produzir a vida; o homem, não. Nesse quesito ele é inferior, e essa inferioridade tem desempenhado um grande papel no domínio das mulheres pelos homens. O complexo de inferioridade funciona da seguinte maneira: ele finge ser superior, de modo a enganar a si mesmo e enganar o mundo inteiro. Assim, o homem ao longo dos séculos vem destruindo a genialidade, o talento e as capacidades da mulher, para que ele possa provar a si mesmo que é superior, para si mesmo e para o mundo.

Em função de a mulher dar à luz, durante nove meses ou mais permanece absolutamente vulnerável e dependente do homem. E

---

[1] *The Great Pilgrimage: From Here to Here* [A grande peregrinação: daqui para aqui], Capítulo 2.

os homens exploram isso de uma forma muito feia. Trata-se apenas de uma diferença física. E que não faz diferença alguma.

A psicologia da mulher é corrompida pelo homem, uma vez que ele lhe diz coisas que não são verdadeiras, faz dela escrava para proveito próprio, e a reduz a indivíduo de segunda classe no mundo. E a razão para isso é o fato de ele ser mais poderoso em termos de músculos. Mas o poder dos músculos faz parte da característica animalesca. Se isso vai decidir a superioridade, então qualquer animal é mais musculoso do que o homem.

Mas as verdadeiras diferenças certamente estão ali, e é necessário que se procure por elas por trás da pilha de diferenças inventadas. Uma diferença que vejo é que a mulher tem maior capacidade de amar do que o homem. O amor de um homem é mais ou menos uma necessidade física, o que não acontece com o amor de uma mulher. É algo maior e mais elevado, é uma experiência espiritual. É por isso que a mulher é monogâmica, e o homem, polígamo.

O homem gostaria de ter todas as mulheres do mundo e, ainda assim, não ficaria satisfeito. Seu descontentamento é infinito.

A mulher pode ficar satisfeita com um único amor, e totalmente realizada, porque, em vez de olhar para o corpo do homem, olha para suas qualidades mais íntimas. Ela não se apaixona por um homem que tem um belo corpo musculoso, apaixona-se, sim, pelo homem que tem carisma – algo indefinível, mas imensamente atraente –, tem um mistério a ser explorado. Ela quer um homem não apenas para ser meramente um homem, mas também para ser uma aventura na descoberta da consciência.

O homem é muito fraco no que diz respeito à sexualidade, tanto que ele pode ter apenas um orgasmo. A mulher é infinitamente superior, tanto que ela pode ter múltiplos orgasmos. E esta tem sido uma das questões mais problemáticas. O orgasmo do homem é local, restrito aos seus órgãos genitais. O orgasmo da mulher é total, e não se limita aos órgãos genitais. O corpo inteiro da mulher é sexual, e ela pode ter uma bela experiência orgástica mil vezes maior, mais profunda, mais enriquecedora, mais salutar do que o homem.

Entretanto, a tragédia é que o corpo inteiro da mulher tem que ser despertado, e o homem não está interessado nisso. Na verdade, ele nunca esteve interessado no corpo da mulher. O homem usa a mulher como uma máquina de sexo apenas para aliviar suas próprias tensões sexuais. Ele acaba em questão de segundos. E na hora em que ele acaba, a mulher nem sequer começou. Quando o homem acaba de fazer amor, vira-se para o outro lado e dorme. O ato sexual ajuda-o a ter uma boa noite de sono, pois fica mais relaxado, com todas as tensões liberadas na atividade sexual. E toda mulher chora e derrama lágrimas quando vê isso: ela não tinha nem mesmo começado, não havia sequer se mexido. A mulher tem sido usada, e esta é a coisa mais feia na vida: quando a pessoa é usada como uma coisa, como um mecanismo, como um objeto. E ela não pode perdoar o homem por usá-la.

Para fazer com que a mulher também seja uma parceira orgástica o homem deve aprender as preliminares, para que não tenha pressa de ir para a cama. Ele tem que fazer amor praticamente como uma arte. O casal pode ter um local, do tipo um templo de amor, onde o incenso esteja queimando e, em vez de luzes ofuscantes, que tenha apenas velas. E o homem deve aproximar-se da mulher quando estiver de muito bom humor e alegre, para que assim possa compartilhar. O que acontece normalmente é que os homens e as mulheres brigam antes de fazer amor. A briga envenena o amor. Nesse caso, o amor é uma espécie de tratado do término da briga, pelo menos pela noite em questão. É um suborno, é uma enganação.

Um homem deve fazer amor do modo como um pintor pinta, ou seja, quando sente a vontade preenchendo seu coração, ou do modo como o poeta compõe poesia, ou um músico toca música. O corpo da mulher deve ser considerado como um instrumento musical, e é como se fosse. Quando o homem sente-se alegre, o sexo deixa de ser apenas uma libertação, um relaxamento, um método para dormir. Daí, então, há preliminares. Ele dança com a mulher, canta com a mulher, com a bela música que faz o templo do amor vibrar, com o incenso que eles adoram. Deve ser algo sagrado, pois não há nada sagrado na vida comum a não ser que as pessoas tornem o amor sagrado. E isso vai ser o início da abertura da porta para o fenômeno total da superconsciência.

O amor nunca deve ser forçado, o amor nunca deve ser uma tentativa. Não deve estar na mente, de jeito nenhum. A pessoa está brincando, dançando, cantando, divertindo-se... parte dessa longa alegria. Se o amor acontecer, é belo. Quando o amor acontece, ele tem beleza. Quando é forçado a acontecer, é desagradável.

E enquanto o ato sexual for realizado com o homem por cima da mulher... na conhecida posição do missionário. O Oriente conscientizou-se dessa feiura de que o homem era mais pesado, mais alto e mais musculoso e que ele, afinal, estava esmagando um ser delicado. No Oriente, a forma tem sido sempre exatamente a oposta: a mulher por cima. Esmagada sob o peso do homem, a mulher não tem mobilidade. Apenas o homem se move e, consequentemente, chega ao orgasmo em segundos, e a mulher fica simplesmente chateada. Ela tem sido parceira, mas não tem envolvimento no ato. Ela tem sido usada.

Quando a mulher fica por cima, ela tem mais mobilidade, e o homem, menos, e isso faz com que os orgasmos de ambos aconteçam quase simultaneamente. E quando ambos vivenciam o orgasmo, é algo do outro mundo. É o primeiro vislumbre de *samadhi*, ou seja, é o primeiro vislumbre de que o homem não é o corpo. Ele esquece o corpo e esquece o mundo. Tanto o homem como a mulher entram em uma nova dimensão, que nunca exploraram antes.

A mulher tem a capacidade para múltiplos orgasmos, e, portanto, o homem tem que ser o mais lento possível. Mas a realidade é que o homem anda com tanta pressa para tudo que acaba por destruir a relação como um todo. O homem deve estar muito relaxado, para que a mulher possa ter orgasmos múltiplos. O orgasmo dele deve chegar à reta final quando o orgasmo da mulher tiver atingido o auge. É pura questão de compreensão.

Estas são diferenças naturais, não têm nada a ver com condicionamento. Há outras diferenças. Por exemplo, a mulher é mais centrada do que o homem... Ela é mais serena, mais calma, mais paciente, e sabe esperar. E é, talvez, por causa dessas qualidades que ela tem mais resistência a doenças e vive mais do que o homem. Devido à serenidade e à delicadeza é que ela pode satisfazer a vida do homem imensamente. Ela pode envolver a vida do homem em uma atmosfera muito reconfortante e acolhedora. Porém, o homem tem medo, pois não quer ser envolvido pela mulher, não quer deixá-la criar um calor aconchegante em torno dele. Tem medo, porque, dessa forma, vai se tornar dependente. É por isso que há séculos o homem mantém a mulher a distância. Além disso, ele tem medo, porque, no fundo, sabe que a mulher é mais do que ele. Ela pode dar à luz a vida. A natureza escolheu a mulher para reproduzir, não o homem.

A função do homem na reprodução é praticamente nula. Essa inferioridade criou o maior problema: o homem passou a cortar as asas da mulher. Começou a reduzi-la e a condená-la em todos os sentidos, de modo que ele pudesse, pelo menos, acreditar que era superior. Ele tratava as mulheres como gado, e até pior. Na China, durante milhares de anos, a mulher foi tida como um ser sem alma, de modo que o marido podia matá-la sem que a lei interferisse; ela era propriedade dele. Se ele quisesse destruir os móveis de sua casa, não era ilegal. Se ele quisesse destruir sua mulher, não era ilegal. Eis o maior insulto: a mulher não ter alma.

O homem privou a mulher da educação, da independência financeira. Privou-a da mobilidade social porque tinha medo. Ele sabe que ela é superior, sabe que ela é bonita, sabe que vai criar perigo se lhe der independência. É por isso que, ao longo dos séculos, não houve independência alguma para as mulheres. As muçulmanas têm, inclusive, que manter o rosto coberto, para que ninguém possa ver a beleza do rosto e a profundidade de seus olhos, exceto o próprio marido.

No hinduísmo, a mulher tinha que morrer quando o homem morria. Que ciúme! O homem possuiu a mulher por toda a vida e, mesmo depois da morte, quer continuar a ter a sua posse. Ele tem medo. Ela é bonita e, quando ele se for, quem sabe? Ela pode encontrar outro parceiro, talvez melhor do que ele. Assim, o sistema de *sati* [a autoimolação da esposa para acompanhar o marido na morte] prevaleceu por milhares de anos, o fenômeno mais horrível que se pode imaginar.

O homem é muito egoísta. É por isso que o chamo de macho chauvinista. O homem criou esta sociedade e, nesta sociedade, não há lugar para a mulher. E ela tem qualidades enormes que são próprias dela! Por exemplo, se por um lado o homem tem a possibilidade da inteligência, por outro, a mulher tem a possibilidade do amor. Isso não significa que ela não tenha capacidade para ter inteligência; pelo contrário, ela pode ter inteligência, desde que lhe seja dada a oportunidade de desenvolvê-la. Porém, quanto ao amor, ela já nasce com ele, e é por isso que ela tem mais compaixão, mais bondade, mais compreensão... Embora homem e mulher sejam duas cordas de uma harpa, ambos sofrem por estarem separados entre si. E é por causa desse sofrimento, e por não saberem a razão para tal, que eles começam a se vingar um do outro.

A mulher pode ser de imensa ajuda na criação de uma sociedade orgânica. Ela é diferente do homem, mas não é desigual. Ela é tão igual a um homem quanto qualquer outro homem. Ela tem talentos próprios, que são absolutamente necessários. Não são o suficiente para ganhar dinheiro, não são o suficiente para tornar alguém um sucesso no mundo, mas são imprescindíveis para se ter uma bela casa, e a mulher tem a capacidade de transformar qualquer casa em um lar. Ela pode preencher o lar com amor, ela tem essa sensibilidade. Ela pode rejuvenescer o homem, ajudá-lo a relaxar.

Nos Upanishads [escrituras hinduístas] há uma bênção muito estranha para os novos casais. O novo casal vai até o vidente dos Upanishads para que ele lhes dê sua bênção. O vidente diz à moça, especificamente: "Espero que você se torne uma mãe de dez filhos para, finalmente, seu marido se tornar seu 11º filho. E se não se tornar uma mãe para o seu marido, não vai conseguir ser uma verdadeira esposa." É muito estranho, mas apresenta uma percepção psicológica enorme, uma vez que é o que se encontra na psicologia moderna: que todo homem está em busca de sua mãe na figura da mulher, e toda mulher está em busca do pai na figura do homem.

É por isso que todo casamento é um fracasso: o homem não consegue encontrar sua mãe. A mulher com quem se casou não veio para sua casa para ser sua mãe, ela veio porque quer ser sua esposa, sua amante. No entanto, a bênção da filosofia upanishadic, que tem cerca de 5 mil ou 6 mil anos, oferece um conhecimento para a psicologia moderna. A mulher, quem quer que seja, é basicamente uma mãe. O pai é uma instituição inventada, não é natural. Mas a mãe vai permanecer indispensável. Foram feitas algumas observações com crianças: a elas foram dadas todas as comodidades, medicamentos, toda a alimentação... toda a perfeição proveniente de diferentes campos da ciência, mas, curiosamente, as crianças começavam a definhar e morriam num período de três meses. Constatou-se, então, que o corpo da mãe, e seu calor, é uma necessidade absoluta para que a vida se desenvolva. Esse calor, nesse vasto universo frio, é absolutamente necessário no princípio, pois, do contrário, a criança vai se sentir abandonada. E vai definhar e morrer.

O homem não precisa se sentir inferior à mulher. Toda essa ideia surge em função de se considerar homem e mulher como duas espécies. Além de pertencerem à humanidade, que é única, ambos têm qualidades complementares entre si. Ambos precisam um do outro, e apenas quando estão juntos é que se sentem por inteiro... A vida deve ser levada sem problemas. As diferenças não são contradições. Podem se ajudar um ao outro e aprimorar imensamente um ao outro. A mulher que ama o homem pode aprimorar a criatividade dele, pode inspirá-lo às alturas como ele nunca sonhou. E sem pedir nada em troca. Ela simplesmente quer o amor dele, que é o seu direito básico.

Grande parte das coisas que faz com que homens e mulheres sejam diferentes é proveniente de condicionamentos. As diferenças devem ser mantidas porque tornam homem e mulher atrativos um para o outro. No entanto, não devem ser usadas como condenação. Eu gostaria que ambos se tornassem um conjunto orgânico, permanecendo, ao mesmo tempo, absolutamente livres, pois o amor nunca cria escravidão, ele dá é liberdade. Com isso, então, podemos criar um mundo melhor. Negou-se a contribuição de metade do mundo, e essa metade, que é formada pelas mulheres, tinha uma capacidade enorme de contribuir para o mundo. Poderia ter construído um belo paraíso.

A mulher deve buscar seu potencial em sua própria alma e desenvolvê-lo. Com isso, terá um belo futuro. O homem e a mulher não são nem iguais nem desiguais, são únicos. E o encontro de dois seres únicos traz algo milagroso para a existência.[2]

---

[2] *The Sword and the Lotus* [A Espada e a Lótus], Capítulo 5.

A história dele

"Em *O profeta*, de Khalil Gibran, uma mulher pede a Al-Mustafá que fale sobre a dor. Poderia comentar sobre este trecho?"

E uma mulher pediu a Al-Mustafá:
— Fala-nos da Dor.
E Al-Mustafá respondeu:
— Sua dor é o quebrar da concha
que envolve sua compreensão.
Assim como o caroço da fruta deve se quebrar,
para que seu coração possa ficar ao sol,
também você deve conhecer a dor.
E se você conseguisse manter seu coração maravilhado
com os milagres diários de sua vida,
sua dor não pareceria menos intensa do que sua alegria.
E você aceitaria as estações do seu coração,
da mesma forma que sempre aceitou as estações
que passam pelos seus campos.
E você contemplaria com serenidade
os invernos de suas mágoas.

Muito da sua dor é escolhido por você mesma.
É a poção amarga
por meio da qual o médico dentro de você
cura seu eu interior doente.
Portanto, confie no médico,
e beba seu remédio em silêncio e tranquilidade:
Pois a sua mão, embora pesada e dura,
é guiada pela mão terna do Invisível,
e o cálice que ele lhe dá,
embora possa queimar seus lábios,
foi feito com o barro
que o Oleiro umedeceu
com Suas próprias lágrimas sagradas.

Parece que é muito difícil, mesmo para um homem do calibre de Khalil Gibran, esquecer uma atitude machista arraigada. Digo isso porque as declarações que Al-Mustafá vai fazer estão corretas sob um aspecto, mas ainda assim falta algo muito essencial.

Al-Mustafá esquece que a questão é levantada por uma mulher, e sua resposta, além de muito genérica, é aplicada tanto para homem como para mulher. Mas a verdade é que a dor e o sofrimento que as mulheres do mundo passam são mil vezes maiores do que as que os homens jamais conheceram. É por isso que digo que Al-Mustafá responde à pergunta, mas não à pessoa que fez a pergunta. E, a menos que se responda à pessoa que fez a pergunta, a resposta vai permanecer superficial, não importa o quão profunda possa parecer... A resposta parece ser acadêmica, filosófica.

A resposta não tem a visão do que o homem tem feito à mulher, e não se trata de um dia, mas de milhares de anos. Ele nem mesmo faz menção a isso. Pelo contrário, Al-Mustafá continua fazendo o mesmo que os sacerdotes e políticos sempre fizeram, ou seja, dar consolações. Atrás de belas palavras não há nada além de consolação. E a consolação não pode ser um substituto para a verdade.

E uma mulher pediu a Al-Mustafá...

Não é estranho que, de toda aquela multidão, nenhum homem tenha feito pergunta sobre a dor? Foi apenas um caso do acaso? Não, de jeito nenhum. É muito relevante que uma mulher tenha, em sua pergunta, pedido *Fala-nos da Dor*, pois apenas a mulher sabe quantas feridas carrega, quanta escravidão sofreu e ainda sofre, tanto física quanto mental e espiritual.

A mulher sofre na parte mais profunda de seu ser. Nenhum homem sabe da dor profunda que a mulher pode trazer dentro de si, capaz de destruir sua dignidade, seu orgulho, sua própria humanidade.

Al-Mustafá disse: *Sua dor é o quebrar da concha que envolve sua compreensão.*

Uma declaração muito pobre, e tão superficial que tenho vergonha de Khalil Gibran às vezes. Qualquer idiota pode dizer isso. Não é digno de Khalil Gibran: *Sua dor é o quebrar da concha que envolve sua compreensão.* É uma declaração muito simples e genérica.

Assim como o caroço da fruta deve se quebrar, para que seu coração possa ficar ao sol, também você deve conhecer a dor. Odeio essa declaração. Ele apoia a ideia de que o ser humano precisa vivenciar a dor. É algo óbvio, mas não se trata de uma verdade. É muito real a semente ter que passar por um grande sofrimento, pois se a semente não morrer com sofrimento a árvore nunca vai nascer, e a grande folhagem e a beleza das flores nunca irão existir. Mas quem é que se lembra da semente e da coragem de morrer para que o desconhecido nasça?

Da mesma forma é verdade que se [...] *a concha que envolve sua compreensão* [...] passar por sofrimento, quebrar-se, permitir liberdade à compreensão do ser humano, haverá certa dor. Mas o que é a concha? É assim que os poetas escapam de crucificações. Al-Mustafá deveria ter explicado o que significava a concha: todo o conhecimento e todo o condicionamento das pessoas, todo o processo de formação, de educação, da sociedade e da civilização – é tudo o que constitui a concha, que mantém o ser humano e a sua compreensão aprisionados. Mas não menciona uma única palavra do que quer dizer com "concha".

Buda Gautama era um homem; seus discípulos – Mahakashyap, Sariputta, Moggalayan – eram, todos, homens. Não houve uma única mulher que pudesse ter sido elevada à mesma consciência? Mas o próprio Buda Gautama negava a iniciação às mulheres, como se elas fossem uma espécie que não pertence à humanidade, mas a algum estado subumano. Por que se preocupar com elas? Deixe que elas, primeiro, atinjam a masculinidade.

A declaração de Buda Gautama é que o homem é a encruzilhada a partir de onde se pode ir para qualquer lugar, seja para o estado de felicidade suprema, seja para a liberdade definitiva. Mas a mulher não é mencionada. Ela não é uma encruzilhada, é apenas uma rua escura onde nenhuma empresa municipal colocou nem mesmo lâmpadas para iluminá-la, e não leva a lugar nenhum. O homem é uma rodovia. Portanto, deixe que a mulher se transforme em uma rodovia, deixe que ela se torne um homem, que nasça no corpo de um homem. Depois, então, haverá alguma possibilidade de ela se tornar iluminada.

Al-Mustafá diz [...] *também você deve conhecer a dor.* Mas para quê? Se a mulher não pode se tornar iluminada, por que deveria passar pela dor? Ela não é de ouro, ao passar pelo fogo ela vai se tornar mais pura.

E se você conseguir manter seu coração maravilhado com os milagres diários de sua vida, sua dor não pareceria menos intensa do que sua alegria. É verdade, mas às vezes a verdade pode ser muito perigosa, pode ser uma faca de dois gumes. Por um lado, protege, por outro, destrói. É verdade que se a pessoa mantém a admiração nos olhos, vai se surpreender em saber que mesmo a dor tem seu próprio encanto, seu próprio milagre, sua própria alegria. Não é menos admirável do que a própria alegria. Mas o estranho é que a mulher é sempre mais como uma criança, mais cheia de admiração pelas coisas do que o homem. O homem está sempre atrás de conhecimento. E o que é conhecimento? Conhecimento é apenas um meio de se livrar da admiração. Toda a ciência tenta desmistificar a existência, e a palavra "ciência" significa conhecimento. E este é um fato muito simples: quanto mais a pessoa sabe, menos admiração tem...

À medida que fica mais velha, a pessoa perde a sensibilidade para admirar, torna-se cada vez mais enfadonha. Mas a razão para isso é que a pessoa acha que sabe tudo. Não sabe nada, mas sua mente agora está cheia de conhecimento emprestado, e sequer pensou que por baixo disso não há nada além da escuridão e da ignorância...

Al-Mustafá não menciona o fato de as mulheres permanecerem sempre mais como criança do que os homens. Esta é uma parte da beleza delas, a inocência, elas têm falta de conhecimento. O homem nunca permitiu que as mulheres tivessem conhecimento de nada. Elas conhecem pequenas coisas, como manter a casa e a cozinha, e tomar conta das crianças e do marido, mas estas não são as coisas que podem impedir... Isso não é um grande conhecimento, isso pode ser colocado de lado com muita facilidade.

É por isso que sempre que uma mulher vem ouvir o que tenho a dizer, ouve de forma mais profunda, mais lá no íntimo, com mais carinho. No entanto, quando o homem vem me ouvir pela primeira vez, ele é mais resistente, mais alerta, temeroso de que pode ser influenciado, ferido se o seu conhecimento não tiver apoio. Ou, se ele for muito esperto, prossegue interpretando tudo o que é dito, de acordo com o próprio conhecimento, e sempre vai dizer: "Sei tudo isso, não tem nada de novo." Essa é uma atitude para proteger seu ego, para proteger a concha dura. E, a menos que a concha se quebre e a pessoa se encontre em uma posição de admiração, como uma criança, não há a menor possibilidade de estar em um espaço que sempre foi conhecido como alma, ou seja, o próprio ser.

Esta tem sido minha experiência pelo mundo todo: que a mulher ouve, e é possível ver o brilho de admiração em seus olhos. Não é superficial, suas raízes são profundas em seu coração. Mas Khalil Gibran não menciona o fato, apesar de a pergunta ser feita por uma mulher. Na verdade, o homem é tão covarde que tem medo de fazer perguntas, pois suas perguntas revelam sua ignorância.

Todas as melhores perguntas de *O profeta* são feitas por mulheres, que perguntam sobre amor, sobre casamento, sobre crianças, sobre dor, e são autênticas, verdadeiras. Não perguntam sobre Deus, sobre nenhum sistema filosófico, mas sobre a vida em si. Podem não parecer grandes perguntas, mas elas abordam realmente as maiores questões, e a pessoa que pode resolvê-las entrou em um mundo novo. No entanto, Al-Mustafá responde como se a pergunta tivesse sido feita por qualquer pessoa, qualquer XYZ, ele não está respondendo à pessoa que fez a pergunta. E a minha abordagem se baseia sempre no fato de que a verdadeira questão é a pessoa que faz a pergunta...

Por que a pergunta surgiu em uma mulher, e não em um homem? Porque a mulher sofre a escravidão, a mulher sofre humilhação, a mulher sofre de dependência econômica e, acima de tudo, sofre um estado constante de gravidez. Durante séculos ela vive na dor, constantemente na dor. A criança que cresce dentro dela não permite que ela coma, ela sempre sente vontade de vomitar, e vomita. Depois que a criança chegou aos nove meses, seu nascimento é quase a morte da mulher. E quando a mulher nem bem se livrou da gravidez, o marido está pronto para fazer com que ela fique grávida novamente. Parece que a única função da mulher é ser uma fábrica de produzir multidões.

E qual é a função do homem? Ele não participa da dor da mulher. Ela sofre nos nove meses, ela sofre no nascimento da criança. E o que o homem faz? No que diz respeito ao homem, ele simplesmente usa a mulher como um objeto para realizar seus desejos e sua sexualidade. Ele não se preocupa em nada com as consequências para a mulher. E, ainda assim, ele continua a dizer: "Eu te amo." Se o homem realmente tivesse amado a mulher, o mundo não estaria superpovoado. Essa palavra "amor" é absolutamente vazia. Ele a trata quase como gado.

E você aceitaria as estações do seu coração, da mesma forma que sempre aceitou as estações que passam pelos seus campos. É verdade, mas não é totalmente verdade. É verdade, se não for levada em consideração a pessoa que fez a pergunta, mas não é verdade no caso de se considerar a pessoa que fez a pergunta. Apenas como uma afirmação filosófica é verdade.

E você aceitaria as estações do seu coração... Às vezes, há prazer, às vezes, há dor, e, às vezes, há apenas indiferença, nem dor nem prazer. Al-Mustafá está dizendo: "Se você aceitar as estações do seu coração, assim como sempre aceitou as estações que passam pelos seus campos."

Superficialmente, é verdade. A aceitação de qualquer coisa dá ao indivíduo uma certa paz, uma certa calma. Não se fica muito preocupado e, de qualquer forma, a pessoa sabe que isso também vai passar. No entanto, quando se trata de mulher, há uma diferença. Ela vive constantemente em uma estação: dor e dor. As estações não mudam do verão para o inverno, ou para a época de chuvas. A vida da mulher é realmente dura.

Não é tão dura hoje, mas isso apenas em países avançados. Cerca de 80% da população da Índia vivem nas aldeias, onde é possível ver a real dureza que a mulher enfrenta. Ela enfrenta essa dificuldade há séculos, e a estação não muda. Se olhar sob esse aspecto, então essa afirmação se torna antirrevolucionária, essa afirmação se torna um consolo: "Aceite a escravidão do homem, aceite a tortura do homem."

A mulher tem vivido com tanta dor... e, mesmo assim, Al-Mustafá esquece por completo quem está fazendo a pergunta. É possível aceitar a mudança das estações, mas não 10 mil anos de escravidão. A estação não muda...

A mulher precisa de revolta, não de aceitação.

O homem é o animal mais lascivo da face da Terra. Todo animal tem uma temporada em que o macho fica interessado na fêmea. Às vezes, a temporada é de apenas poucas semanas, às vezes, um ou dois meses e, depois, durante o ano inteiro, o animal esquece tudo sobre sexo, esquece tudo sobre reprodução. É por isso que o mundo animal não se encontra em uma situação de superpopulação. É apenas o homem que é sexualmente ativo durante o ano todo, e se for americano, então, é sexual à noite, é sexual de manhã. E ainda se pede que a mulher aceite a dor?

Não posso pedir que as pessoas aceitem tal dor, aquela dor que é imposta pelos outros. As pessoas precisam de uma revolução.

E você contemplaria com serenidade os invernos de suas mágoas.

Por quê? Quando se pode mudar isso, por que seria necessário contemplar? Contemple somente aquilo que não pode ser mudado. Contemple somente aquilo que é natural, e seja uma testemunha disso. Mas isso é artimanha poética. Belas palavras: *e contemplaria com serenidade...*

Contemple qualquer coisa que seja natural com serenidade e revolte-se contra todo o sofrimento que seja imposto por alguém. Quer seja homem ou mulher, quer seja pai ou mãe, quer seja o padre ou o professor, quer seja o governo ou a sociedade. Revolte-se!

Aquele que não tem um espírito rebelde não está vivo no verdadeiro sentido da palavra.

"Muito da sua dor é escolhida por você mesma. Isso é verdade. Todo o sofrimento, toda a dor de uma pessoa..." Grande parte disso não é imposta pelos outros. Contra a dor que é imposta pelos outros é preciso que haja revolta. No entanto, a dor que é escolhida pela própria pessoa é necessário que seja por ela abandonada. Não há necessidade de contemplá-la. Basta compreender que "impôs isso a si mesma", e jogá-la fora. A pessoa deve deixar que os outros a contemplem jogando fora a dor! Ao vê-la jogando isso fora, talvez os outros também compreendam: "Por que sofrer desnecessariamente? Os vizinhos estão jogando fora o seu sofrimento."

O ciúme, a raiva, a ganância, todos eles trazem dor. As ambições, todas elas trazem dor. E todos são escolhidos pela própria pessoa.

É a poção amarga por meio da qual o médico dentro de você cura seu eu interior doente.

Mais uma vez, Al-Mustafá volta a dar consolo. Não está fazendo uma distinção clara. Há sofrimentos que são impostos por outros e, aqui, é preciso revoltar-se contra eles. E há sofrimentos que são naturais – testemunhe-os, e o faça com serenidade, porque são o remédio amargo que a natureza, ou seja, o médico que existe dentro de cada um, usa para curar o eu interior.

Portanto, confie no médico, e beba seu remédio em silêncio e tranquilidade.

Mas é bom lembrar que se trata do médico, e não do marido ou do governo. Eles impõem sofrimento ao ser humano, não para curá-lo, mas para destruí-lo, esmagá-lo. Pois, quanto mais destruído o indivíduo, mais fácil de ser dominado. Assim, não se teme uma rebelião do lado do indivíduo. Portanto, recorde quem é o médico. A natureza cura, o tempo cura, e o ser humano simplesmente espera e se mantém como testemunha. Mas é preciso ficar muito claro o que é natural e o que é artificial.

Pois a sua mão, embora pesada e dura, é guiada pela mão terna do invisível, e o cálice que ele lhe dá, embora possa queimar seus lábios, foi feito com o barro que o Oleiro umedeceu com Suas próprias lágrimas sagradas.

O que quer que seja natural, contra o que nenhuma rebelião é possível... Então não seja infeliz; então aceite isso com gratidão. É a mão invisível do divino que deseja curar a pessoa, que deseja trazê-la para um estado mais elevado de consciência. Mas qualquer coisa que não seja natural... Entregar-se a qualquer tipo de escravidão é destruir a própria alma. É melhor morrer do que viver como um escravo.[1]

"Tenho sentido dentro de mim uma raiva vingativa e fria, profundamente enterrada, contra todos os homens que alguma vez

---

[1] *The Messiah: Commentaries on Khahlil Gibran's "The Prophet"* [O Messias: cometários sobre "O Profeta" de Khahlil Gibran], Volume 2, Capítulo 4.

forçaram, estupraram, mataram ou machucaram mulheres. Isso parece algo que venho carregando dentro de mim por várias vidas. Por favor, ajude-me a desenterrar e a ser amiga dessa velha bruxa."

A primeira coisa que precisa ficar clara é que foi o cristianismo que condenou a palavra "bruxa". Antes disso, esta era uma das palavras mais respeitadas, tão respeitada quanto a palavra "místico", que significa homem sábio. E bruxa simplesmente queria dizer mulher sábia, o paralelo a homem sábio.

Na Idade Média, contudo, o cristianismo passou a enfrentar um perigo. Havia milhares de mulheres muito mais sábias do que os bispos, os cardeais e o papa. Elas conheciam a arte de transformar a vida das pessoas.

A filosofia das bruxas como um todo era baseada no amor e na transformação da energia sexual, e a mulher pode fazer isso mais facilmente do que o homem. Afinal, ela é mãe, e sempre será mãe. Mesmo um bebê do sexo feminino tem a qualidade da maternidade.

A qualidade da maternidade faz parte do caráter feminino, e não está relacionada à idade. E a transformação exige uma atmosfera de muito amor, uma transferência muito maternal de energias. Para o cristianismo, a maternidade era uma concorrente. O cristianismo não tem nada a oferecer em comparação a ela. No entanto, o cristianismo estava no poder.

Era um mundo de homens, até então, e eles decidiram destruir todas as bruxas. Mas como destruí-las? Não era uma questão de matar uma mulher, mas sim milhares de mulheres. Assim, criou-se um tribunal especial para investigação, para descobrir quem era bruxa.

Qualquer mulher que, segundo cristãos, tivessem exercido influência sobre pessoas e a quem as pessoas respeitavam era capturada e torturada. E tão torturada que era obrigada a confessar. Não parariam de torturá-la até que ela confessasse que era uma bruxa. E, assim, o significado de "bruxa" foi mudado, em conformidade com a mente cristã, com a teologia cristã: uma bruxa é alguém que mantém relações sexuais com o diabo.

Não se ouve mais falar de nenhum diabo tendo relação com nenhuma mulher. Nem o diabo tornou-se um monge cristão, um celibatário, ou... O que aconteceu com o diabo? Quem era esse que estava tendo relações sexuais com milhares de mulheres? E essas mulheres eram idosas em sua maioria. Não parece ser racional. Se naquela época havia mulheres jovens e bonitas disponíveis, por que o diabo havia de ir atrás de mulheres idosas, muito idosas?

Mas para se tornar uma bruxa era necessário passar por um longo treinamento, uma longa disciplina, uma longa experiência. Assim, no momento em que a mulher virava bruxa, ou seja, uma mulher sábia, ela já era idosa, e tinha sacrificado tudo para obter essa sabedoria, essa alquimia.

Forçavam essas pobres idosas a dizer que estavam tendo relações sexuais com o diabo. Muitas delas se esforçavam... mas a tortura era excessiva.

Torturavam essas mulheres de formas muito feias, apenas com um único propósito: que elas confessassem. As mulheres continuavam tentando dizer que não tinham nada a ver com o diabo, que não havia nada a confessar. No entanto, ninguém lhes dava ouvidos, e continuavam a torturá-las.

É possível fazer com que qualquer pessoa confesse algo sob tortura. A questão é quando ela sente que é melhor confessar do que sofrer desnecessariamente a mesma tortura todos os dias. E isso teria continuado por toda a sua vida. Depois de confessar que era uma bruxa e que estava tendo relações sexuais com o diabo, a tortura da mulher era suspensa e, em seguida, ela se apresentava diante de um tribunal, um tribunal especial presidido pelo papa, e perante o tribunal tinha que confessar. E, depois dessa confissão, o tribunal podia então puni-la, uma vez que se tratava do maior crime aos olhos do cristianismo.

Na verdade, mesmo se a mulher estivesse mantendo relações sexuais com o diabo, não é da conta de ninguém, além de não ser crime, uma vez que ela não está prejudicando ninguém. E o diabo nunca deu queixa em nenhuma delegacia de polícia, do tipo: "Essa mulher é perigosa." Com que autoridade o cristianismo estava queimando essas mulheres?

A única punição era ser queimada viva, de modo que nenhuma outra mulher se atrevesse a ser bruxa novamente. Destruíram milhares de mulheres e acabaram por completo com uma parte bastante significativa da humanidade. E a sabedoria contida naquelas mulheres, seus livros, seus métodos, suas técnicas para transformar o homem, para transformar a energia do homem...

Não se deve considerar o termo "bruxa" como uma palavra negativa. É mais respeitável do que o termo "papa", pois não acho que um papa seja um homem que possa ser chamado de sábio. Pelo contrário, acho que é apenas um papagaio, nada mais. É possível que pudesse estar conectado com a vida passada de alguém, e que a ferida estivesse tão profunda que alguma lembrança ainda em seu inconsciente continuasse a vir à tona. E isso gera o ódio pelos homens, porque o que foi feito com essa pessoa foi feito por homens.

Portanto, trata-se de uma simples associação, mas essa associação precisa ser abandonada. Não foi feita pelos homens, foi feita pelos cristãos. E os cristãos cometeram muitos crimes, e continuam a cometê-los. É inacreditável... E continuam a falar sobre a verdade, a falar sobre Deus... e a proferir mentiras... E essas são pessoas religiosas que tentam, de todas as maneiras, enganar o mundo, e infestá-lo com mentiras feias.

Por isso, não fique contra os homens, por serem homens. Basta ser apenas contra as atrocidades cristãs, já é o suficiente...

Durante 2 mil anos o cristianismo matou pessoas em nome da religião, em nome de Deus, em nome de Cristo, em nome da nação. Portanto, é perfeitamente correto condená-lo. Mas nem todo homem é cristão.

No entanto, vai ser bom passar por um processo hipnótico para obter informações com mais clareza. Talvez alguém possa lembrar quais eram as técnicas das bruxas, ou seja, como operavam, como conseguiam transformar as pessoas; porque, a menos que elas fossem um perigo para a cristandade, o cristianismo não as teria matado.

Era um perigo real, pois o cristianismo não tem nada a oferecer em comparação.[2]

---

[2] *The Transmission of the Lamp* [A transmissão da lâmpada], Capítulo 2.

Movimento feminista

"Qual é a maior necessidade da mulher contemporânea, no seu ponto de vista?"

Em função de ter sido dominada, torturada e reduzida à nulidade, a mulher tornou-se feia. Sempre que a natureza de uma pessoa não tem permissão para se desenvolver de acordo com as suas necessidades interiores, torna-se azeda, torna-se envenenada e, consequentemente, torna-se incapacitada, paralisada e pervertida. A mulher que se encontra no mundo também não é a mulher verdadeira, uma vez que ela é corrompida há séculos. E quando a mulher é corrompida, o homem também não consegue permanecer natural, porque, afinal de contas, a mulher dá à luz o homem. Se ela não for natural, seus filhos não serão naturais. Se ela não for natural, ao exercer o papel de mãe de uma criança, seja menino ou menina, essa criança, certamente, será afetada por ela.

A mulher, sem dúvida, precisa de uma grande libertação, mas o que está acontecendo em nome da libertação é uma estupidez. É imitação, não é libertação.

Aqui, comigo, há muitas mulheres que participaram do movimento feminista que, quando vêm pela primeira vez, chegam muito agressivas. E posso compreender essa agressividade: séculos e séculos de dominação tornaram-nas violentas. É pura vingança. Tornaram-se insanas, e ninguém é mais responsável do que o homem. Mas, aos poucos, elas se tornam suaves, graciosas, e a agressividade desaparece. Pela primeira vez, tornam-se femininas.

A real libertação vai fazer com que a mulher seja uma mulher autêntica, e não a imitação de um homem. É o que está acontecendo exatamente agora: as mulheres estão tentando ser exatamente iguais aos homens. Se os homens fumam cigarros, então as mulheres têm que fumar cigarros. Se eles usam calças, então elas têm que usar calças. Se eles fazem alguma coisa em específico, então elas têm que fazer aquilo. A mulher está simplesmente se transformando em um homem de segunda classe.

Isso não é libertação. É uma escravidão bem mais profunda, e é mais profunda porque a primeira escravidão foi imposta pelos homens. Essa segunda escravidão é mais profunda porque foi criada pelas próprias mulheres. Quando alguém impõe a escravidão a uma pessoa, esta pode se rebelar contra tal escravidão. Entretanto, se a própria pessoa impõe uma escravidão a si mesma, em nome da libertação, não há a possibilidade de rebelião jamais.

Gostaria que a mulher se tornasse realmente uma mulher, porque muito depende dela. Ela é muito mais importante do que o homem, porque carrega, em seu ventre, tanto a mulher quanto o homem. Ela desempenha o papel de mãe para ambos, tanto menino quanto menina, e alimenta ambos. Se ela estiver envenenada, consequentemente, seu leite estará envenenado e, então, as formas da educação de seus filhos estarão envenenadas.

Se a mulher não estiver livre para ser realmente uma mulher, o homem também nunca estará livre para ser realmente um homem. A liberdade da mulher é uma necessidade para a liberdade do homem, e é mais fundamental do que a liberdade do homem. E se a mulher for uma escrava, como foi durante séculos, ela há de fazer com que o homem também seja um escravo, de modos muito sutis, uma vez que os modos da mulher são sutis. Não vai brigar com o homem de forma direta. Sua briga vai ser indireta, vai ser feminina. Vai chorar e verter lágrimas. Não vai bater no homem, vai bater em si mesma. E ao bater em si mesma, ao chorar e derramar lágrimas, até mesmo o homem mais forte vai ser dominado pela mulher. Uma mulher muito magra e fraca consegue dominar um homem muito forte... A mulher precisa de liberdade total para que também possa dar liberdade ao homem.

Este é um dos fundamentos a serem lembrados: aquele que fizer alguém de escravo será reduzido à escravidão definitiva, por fim, e não vai poder permanecer livre. Aquele que quiser permanecer livre, deve dar liberdade aos outros. Esta é a única maneira de ser livre.[1]

"Você é contra o movimento feminista?"

O movimento feminista é algo desagradável, e sei que a responsabilidade é dos interesseiros chauvinistas masculinos. Eles têm causado tanto dano às mulheres, ao longo dos séculos, que agora a mulher quer se vingar. Porém, quando alguém começa a se vingar, torna-se destrutivo. É inútil continuar a olhar para as feridas do passado. É inútil vingar-se por conta do pas-

---

[1] *O Dhammapada*, Volume 7, Capítulo 10.

sado. Deve-se aprender a perdoar e esquecer: "Sim, foi errado, aceito." Tudo o que foi feito para as mulheres, ao longo dos séculos, foi absolutamente errado. O homem reduziu as mulheres a escravas, e, ainda mais do que isso, reduziu-as a coisas, a posses. Mas qual é o motivo para se vingar? Então a mulher se torna o perseguidor, e o homem, o perseguido. Com isso, um outro tipo de chauvinista começa a tomar forma. E, então, nasce a chauvinista feminina, e isso não vai consertar as coisas. Depois, a mulher vai começar a causar danos aos homens e, mais cedo ou mais tarde, eles vão se vingar. Onde é que isso vai parar? É um círculo vicioso.

E a minha percepção é que, em vez de os homens pararem com isso, é muito mais fácil que as mulheres deem um fim nisso, para daí então saírem do círculo vicioso, pois elas são mais amorosas, mais compassivas. O homem é mais agressivo, mais violento. Não tenho muita esperança nos homens, espero muito das mulheres. Por isso é que não sou a favor da atitude e da abordagem agressiva do movimento feminista...

Os problemas da vida podem ser resolvidos através do amor, e não através de nenhuma abordagem violenta.

Homem e mulher são mundos diferentes, e é por isso que é difícil um compreender o outro. E embora o passado tenha sido cheio de mal-entendidos, não é preciso necessariamente que seja assim no futuro. Podemos aprender uma lição do passado, a única, que é o fato de homem e mulher terem de se tornar mais compreensíveis um com o outro e mais tolerantes com as diferenças um do outro. Essas diferenças são valiosas, e não precisam criar nenhum conflito, pois, na verdade, são as causas da atração entre homens e mulheres.

Se todas as diferenças entre homens e mulheres desaparecerem, e se eles tiverem o mesmo perfil psicológico, o amor também vai desaparecer, devido à ausência de polaridade. O homem e a mulher são como os polos negativo e positivo de eletricidade: eles são atraídos entre si magneticamente. São polos opostos, e é por isso que o conflito é natural. Entretanto, através da compreensão, da compaixão, do amor, e o fato de um olhar para o mundo do outro e tentar ser solidário com este, todos os problemas podem ser resolvidos. Não há necessidade de criar mais conflito, pois já há o bastante.

O homem precisa tanto de libertação quanto a mulher. Ambos precisam de libertação, libertação da mente. Devem cooperar um com o outro e se ajudar no processo de libertação da mente. Isso vai ser um verdadeiro movimento de libertação.[2]

"Você acha que apenas as mulheres são responsáveis pelo movimento feminista?"

O movimento feminista que está acontecendo no mundo é um fenômeno criado pelo homem, um fenômeno criado pelo sexo masculino. As pessoas hão de se surpreender com isso, com o fato de que se trata, novamente, de uma conspiração masculina.

Agora, o homem quer se livrar das mulheres. Ele não quer ter nenhuma responsabilidade. Ele quer desfrutar das mulheres, mas apenas como diversão. Não quer assumir todas as outras responsabilidades relacionadas com isso.

Ora, isso é uma conspiração sutil: o homem está tentando persuadir as mulheres em todo o mundo de que a mulher tem que se tornar independente. É um truque sutil. E, em função de sua astúcia, a mente masculina está conseguindo o que quer. E, agora, muitas mulheres ficaram envenenadas por esta ideia.

Sabia que as primeiras pessoas que começaram a falar sobre igualdade entre homem e mulher eram homens, e não mulheres? Pois é, as primeiras pessoas que começaram a falar sobre isso, que tanto homem quanto mulher deveriam ter igual

---

[2] *O Dhammapada*, Volume 10, Capítulo 2.

liberdade, eram homens, e não mulheres. A semente vem da mente masculina. E tem sido sempre assim. Sempre que um homem sente o que está a seu favor, ele administra isso. Sua astúcia é muito sutil. E, às vezes, ele administra isso de tal maneira que a mulher acha que ela está fazendo isso por conta própria.

No passado também foi assim. O homem persuadia as mulheres para que acreditassem que elas eram seres puros, anjos, e que o homem era sujo, e que meninos eram meninos. Mas a mulher? A mulher era divina. O homem colocava a mulher em um alto pedestal. Esse era o truque para controlar a mulher. O homem a venerava, e era através da veneração que ele a controlava. E, naturalmente, quando estava no pedestal, a mulher achava que era alguma coisa divina, e não podia fazer aquelas coisas que os homens faziam, não podia porque aquilo iria contra o seu ego. Aquele pedestal alto trazia muita satisfação para o ego. Ela era a mãe, ela era divina, e tinha mais qualidades divinas do que o homem. O homem era horrível, imoral, e tudo mais. O homem tinha que ser perdoado.

Assim, ao longo dos séculos, o homem continuou o seu caminho, enquanto a mulher se manteve nas alturas. Mas isso foi um truque, o ego feminino foi persuadido. E, uma vez persuadido o ego, a pessoa fica presa, e não pode mudar de postura. Pedir por igualdade é uma espécie de queda, uma vez que a mulher tem que descer de posição para se igualar. No entanto, tudo não passou de uma estratégia, e a mulher a seguiu. Ela permaneceu pura, ela permaneceu virgem até o casamento.

No Ocidente, o homem persuadiu as mulheres: "Agora vocês têm que ser livres, têm que ser iguais." E, em função de agora as coisas terem mudado, os tempos terem mudado, o homem passou a querer desfrutar de mais mulheres do que apenas de sua esposa. Agora ele quer liberdade absoluta. E a única maneira de ter liberdade absoluta é dar liberdade absoluta à mulher. Então, o homem persuadiu a mulher novamente. E agora as mulheres que protestam e fazem parte de movimentos feministas clamam com toda a sua força por liberdade e igualdade. No entanto, não sabem que estão mais uma vez sofrendo o mesmo controle: o homem as está persuadindo de novo. Agora, o homem quer usá-las e jogá-las fora, sem nenhuma responsabilidade atrelada a isso.

Aquele que olhar fundo em toda essa questão vai se surpreender. A mente masculina é uma mente cheia de artimanhas. A mulher é mais inocente e, portanto, não consegue ser tão estratégica, tão política. Ela sempre acreditou no homem. E o que é surpreendente: essas mulheres do movimento feminista estão acreditando no homem, mais uma vez! Nada mudou. Agora o movimento está a favor do homem, ou seja, a mulher deve ser livre e não deve exigir nenhum compromisso. Ele não quer se comprometer, e quer ter toda a liberdade. Não quer assumir a responsabilidade dos filhos. Não quer viver com a mesma mulher para sempre, quer mudar de mulher todos os dias.

Então, mais uma vez, ele cria belas palavras: deve-se viver sem nenhum compromisso. Deve-se viver sem envolvimento. Não se deve ser possessivo, não se deve ter ciúme. Mais uma vez, cria uma bela filosofia. Ele já fez isso antes também, e da mesma forma as mulheres foram enganadas. E vão ser enganadas novamente. As mulheres confiam. A confiança é fácil para elas, pois o amor vem mais fácil para elas do que a lógica. Além disso, elas estão muito preocupadas com o que é imediato. O homem sempre pensa em termos de estratégia, táticas, o que vai acontecer, como vai acontecer, ele pensa no futuro, planeja o futuro...

A atmosfera é tal que uma mulher tem que ser igual ao homem. Ela não tem que estar interessada na casa, na família, nos filhos, na maternidade. Tem que ter interesse em poesia, literatura, pintura, ciência, tecnologia, isso e aquilo. Hoje grupos de mulheres se reúnem em todo o mundo para conscientização. E todas as sessões de conscientização consistem em uma única coisa: que elas têm que destruir algo profundo na feminilidade. Somente então poderão competir com os homens.

As mulheres são delicadas, naturalmente delicadas. Não podem competir com os homens. Se quiserem competir com os homens, vão ter que se tornar duronas. Ao deparar com uma mulher que participa desses movimentos feministas pode-se perceber que seu rosto perde a suavidade. É muito difícil dizer "Querida" para uma mulher dessas, muito difícil. E, além disso, ela também vai ficar irritada, não vai gostar. Por que "querida"? Ela é igual ao homem. Eis que surge o perfil de durona.

Todos os tipos de luta fazem com que as pessoas fiquem mais enrijecidas. E a mulher pode tentar não estar interessada no lar, pois, se tiver esse tipo de interesse, não poderá competir no mundo. Se tiver interesse em filhos, não pode competir no mundo, pois isso se torna uma distração. E ao ter que competir no mundo e provar que é tão forte quanto os homens a mulher tem que, de alguma forma, se tornar mais parecida com os homens.

Será uma perda. É uma perda, porque a única esperança para a humanidade é a delicadeza da mulher, e não o caráter durão do homem. Sofreu-se o suficiente com a dureza do homem. O que é necessário é que o homem se pareça mais com a mulher, em vez de a mulher se assemelhar ao homem.

As mulheres estão lutando contra si mesmas, se esforçando para administrar. Mas isso não é natural. Natural é o ventre da mulher, aquele ventre que anseia por uma criança, que anseia por um lar. O lar é o ventre visível fora da mulher, é a projeção do ventre interior.

Depois que a mulher deixa de estar interessada no lar, deixa de estar interessada em seu ventre, embora o ventre esteja lá. E homens e mulheres não são iguais, pois ao homem falta o ventre. Como podem ser iguais? Não estou dizendo que eles são desiguais, mas, com certeza, digo que eles não são iguais. Eles são muito diferentes. Como podem ser iguais? Eles são polos opostos. São tão diferentes que não podem ser comparados em termos de igualdade ou desigualdade. Uma mulher é uma mulher, um homem é um homem. E devem permanecer homem e mulher. A mulher deve permanecer interessada no lar, pois, depois que deixa de estar interessada no lar, deixa de ter interesse no ventre, na criança. E depois, naturalmente, vira lésbica.

Meu próprio entendimento é que o homem tem que ser um pouco mais feminino. Ele foi muito longe em seu propósito de se tornar um homem, e perdeu o controle de toda a humanidade. A mulher não deve segui-lo, não deve competir com ele, caso contrário, entrará na mesma rotina e adotará os mesmos hábitos. Vai adquirir um espírito bélico. E as manifestantes dos movimentos feministas gritando, vociferando e protestando nas ruas são simplesmente desagradáveis. Elas mostram os piores traços do espírito masculino.[3]

"Simplesmente não consigo entender suas generalizações de masculino e feminino. Às vezes, você reconhece princípios independentemente do sexo. Mas na maioria das vezes, você fala da mulher como sendo um ser 'primitivo', que encontra o 'lobo' no homem. O que dizer da mulher que encontra em si, naturalmente, a figura que toma a iniciativa, ou que vê o gato, e não o lobo, em seu homem? Alguns homens estão realmente desejando ser passivos.

---

[3] *Vá com calma*, Volume 2, Capítulo 2.

Algumas mulheres podem ter a necessidade de se afirmar para crescer. Como isso pode ser simplesmente uma questão de os movimentos feministas fazerem com que as mulheres sejam 'sofisticadas' e super-racionais?"

A minha afirmação de que as mulheres são mais primitivas do que os homens não é para condená-las, nem para condenar os homens. Por "primitivo" quero dizer mais natural, mais em sintonia com a existência. A civilização é uma falsificação, a civilização está se desviando da natureza. Quanto mais o homem se torna civilizado, mais pendurado fica pela cabeça. E perde mais o contato com o coração. O coração ainda é primitivo. E é bom que as universidades não tenham ainda encontrado uma forma de ensinar o coração e de torná-lo civilizado. Essa é a única esperança de a humanidade sobreviver.

É preciso abandonar essa ideia de ser homem e de ser mulher! Somos todos seres humanos. Ser homem ou ser mulher é apenas algo muito superficial. Não se deve fazer muito barulho sobre isso, não é nada muito importante. Não faça disso um grande problema.

E o que digo, às vezes, pode soar como generalização, porque não posso, a cada momento, colocar todas as condições; caso contrário, minhas palestras ficariam muito sobrecarregadas com notas de rodapé. E eu odeio livros com notas de rodapé! Simplesmente não os leio. No momento em que deparo com notas de rodapé, jogo o livro fora, pois deve ter sido escrito por algum perito, algum estudioso, alguma pessoa tola.

Simplesmente não consigo entender suas generalizações de masculino e feminino, você diz.

Sempre falo sobre tipos, e o gênero não é incluído. Sempre que digo "homem", quero dizer "do tipo homem", e sempre que digo "mulher", quero dizer "do tipo mulher". No entanto, não posso dizer a cada momento "do tipo homem", "do tipo mulher". Você está correto quando diz que há mulheres que não são mulheres, mas lobos, e que há homens que não são lobos, mas gatos. Então, qualquer coisa que eu disser sobre o tipo homem será aplicável às mulheres que são lobos, e qualquer coisa que eu disser sobre as mulheres será aplicável aos homens que são gatos.

Não estou falando sobre a diferença biológica entre homem e mulher, estou falando sobre a diferença psicológica. Sim, há homens que são muito mais femininos do que qualquer mulher, e há mulheres que são muito mais masculinas do que qualquer homem. Entretanto, essa é uma situação desagradável, pois cria uma dualidade no indivíduo. Ter corpo de homem e alma de mulher gera um conflito interior, uma luta social interior, uma guerra civil interna. O indivíduo vai estar sempre em um cabo de guerra, lutando, tenso.

Se a pessoa é uma mulher fisiologicamente e tem alma de homem, sua vida vai despender muita energia em conflitos desnecessários. É muito melhor estar em sintonia. Se homem de corpo, então homem de alma; se mulher de corpo, então mulher de alma.

E o movimento feminista está criando um problema desnecessário. Está transformando mulheres em lobos, está ensinando-as como lutar. Se o homem é o inimigo, como a mulher pode amar o inimigo? Como pode ter um relacionamento íntimo com o inimigo? Acontece que o homem não é o inimigo.

A mulher, para ser realmente uma mulher, tem que ser cada vez mais feminina, tem que desenvolver ao máximo a delicadeza e a vulnerabilidade. E o homem, para ser realmente um homem, tem que penetrar em sua masculinidade o mais profundamente possível. Quando um homem de verdade entra em contato com uma mulher de verdade, eles são polos opostos, são extremos. Mas somente extremos podem se apaixonar, e somente extremos podem desfrutar de intimidade. Apenas os extremos se atraem.

O que está acontecendo no momento é uma espécie do que se chama de unissex: os homens ficam cada vez mais femininos e, as mulheres, cada vez mais masculinas. Mais cedo ou mais tarde todas as distinções serão perdidas. Vai ser uma sociedade muito sem cor, muito enfadonha.

Gostaria que a mulher fosse o mais feminina possível, pois somente então ela poderia se desenvolver naturalmente. E o homem precisa ser o mais masculino possível para que, então, possa crescer. Quando homem e mulher são polos opostos, surge uma grande atração, um grande magnetismo entre eles. E quando se aproximam, quando se encontram na intimidade, trazem dois mundos diferentes, duas dimensões diferentes, duas riquezas diferentes e, com isso, o encontro é uma tremenda bênção.[4]

"Qual é o próximo passo a ser adotado pelas mulheres, do seu ponto de vista?"

Quero dizer às mulheres do mundo todo que o movimento feminista não fez nada, porque está nas mãos de mulheres muito estúpidas. Elas são reacionárias, não revolucionárias. De outro modo, a coisa mais importante e mais simples, ou seja, a primeira prioridade, é que as mulheres devem exigir voto em separado, de modo que as mulheres possam votar apenas em mulheres e homens possam votar apenas em homens. Basta um passo simples e único para que a metade de todos os Parlamentos do mundo seja ocupado por mulheres. E as mulheres estarão

---

[4] *O livro da sabedoria*, Capítulo 7.

naturalmente no poder, pois o homem, por natureza, tem uma tendência à briga. Ele vai criar partidos, partidos políticos e ideologias religiosas, sobre coisas pequenas, secundárias, triviais.

Assim, se as mulheres em um Parlamento formarem um conjunto único, a outra metade, formada por homens, ficará dividida pelo menos em oito ou dez partes. O mundo inteiro pode se deslocar para as mãos das mulheres. E as mulheres não estão interessadas em guerras, as mulheres não estão interessadas em armas nucleares, as mulheres não estão interessadas no comunismo ou no capitalismo.

Todos os "ismos" são da cabeça. As mulheres estão interessadas em ser alegres, e nas pequenas coisas da vida: uma bela casa, um jardim, uma piscina.

A vida pode ser um paraíso, mas vai continuar um inferno, a não ser que o homem seja retirado do poder por completo. E ele pode ser retirado com muita facilidade.[5]

---

[5] *O esplendor oculto*, Capítulo 22.

Sexualidade

"Eu me sinto completamente aprisionada pelo medo de ter intimidade e de perder totalmente o controle com um homem. Essa mulher escandalosa está presa aqui dentro. Quando ela sai, de vez em quando, os homens geralmente surtam e, então, ela volta a hibernar, para não correr riscos, e é totalmente frustrada. Poderia, por favor, falar sobre esse medo de intimidade?"

A humanidade, principalmente do sexo feminino, sofre de muitas doenças. Até agora, todas as chamadas civilizações e culturas estão doentes psicologicamente. Nunca se atreveram sequer a reconhecer as doenças, e o primeiro passo do tratamento é reconhecer que se está doente. A relação entre o homem e a mulher, especificamente, não tem sido natural.

Alguns fatos devem ser lembrados. Primeiro, o homem tem a capacidade para apenas um orgasmo, enquanto a mulher tem a capacidade para orgasmos múltiplos. Isso criou um problema enorme. Não haveria nenhum problema se o casamento e a monogamia não tivessem sido impostos a eles, uma vez que não era a intenção da natureza. O homem tem medo da mulher pela simples razão de que, se ele desencadeia um orgasmo nela, ela estará pronta para pelo menos meia dúzia de mais orgasmos, e ele é incapaz de satisfazê-la.

A solução que o homem encontrou foi a seguinte: não dar à mulher nem mesmo um orgasmo. Tirar-lhe, inclusive, a concepção de que ela é capaz de ter um orgasmo.

Em segundo lugar, o sexo para o homem é local, genital. O mesmo não ocorre com a mulher. A sexualidade, a sensualidade da mulher fica espalhada por todo o corpo. Leva mais tempo para ela se aquecer e, antes mesmo que ela esteja aquecida, o homem já acabou. Ele vira as costas para ela e começa a roncar. Durante milhares de anos, milhares de mulheres ao redor do mundo viveram e morreram sem conhecer o maior dom natural, a alegria orgástica. Era uma proteção para o ego do homem. A mulher precisa de longas preliminares, para que seu corpo como um todo comece a formigar de sensualidade, e é aí que reside o perigo. O que fazer com sua capacidade de orgasmos múltiplos?

Analisando-se em termos científicos, nenhum dos sexos deveria ser levado tão a sério, e amigas deveriam ser convidadas para dar à mulher toda a sua gama de orgasmos, ou mesmo utilizar-se de algum vibrador. Mas ambos geram problemas. Se a mulher usa vibradores, estes podem dar tantos orgasmos quanto a mulher tem capacidade de ter; porém, uma vez que a mulher toma conhecimento... daí o órgão do homem parece ser tão pobre que ela pode optar pelo instrumento científico, um vibrador, em vez de um namorado. Se permitir, então, que algumas amigas se juntem a ela, torna-se um escândalo social, pois vão dizer que está se entregando a orgias.

Portanto, a solução mais simples que o homem encontrou foi estabelecer que a mulher não deveria nem mesmo se mexer enquanto ele estivesse fazendo amor com ela. A mulher deveria permanecer quase como um cadáver. Como a ejaculação do homem é rápida, cerca de dois minutos, três minutos no máximo, nesse tempo a mulher não tem a menor consciência do que perdeu.

No que diz respeito à reprodução biológica, o orgasmo não é necessário. No entanto, o orgasmo é uma necessidade, considerando-se o crescimento espiritual.

Para mim foi a experiência orgástica do êxtase que deu à humanidade, nos primórdios, a ideia da meditação, de buscar algo melhor, mais intenso, mais vital. O orgasmo é a indicação da natureza de que o ser humano tem dentro de si uma quantidade enorme de felicidade extrema. O orgasmo simplesmente dá ao indivíduo uma amostra disso e, depois, ele próprio pode sair à procura.

O estado orgástico, até mesmo o reconhecimento dele, é um assunto bem recente. Foi só neste século que os psicólogos se conscientizaram dos problemas enfrentados pelas mulheres. Através da psicanálise e de outras escolas psicológicas a conclusão foi a mesma: a mulher é impedida de ter crescimento e continua a ser apenas uma empregada doméstica.

Quando se trata de reprodução de crianças, a ejaculação do homem é o suficiente. Portanto, não há problema em termos biológicos, mas há, em termos psicológicos. As mulheres são mais irascíveis, ranzinzas, mal-intencionadas, e a razão é que elas foram privadas de algo que é seu direito natural, e que elas nem mesmo sabem o que é. Apenas nas sociedades ocidentais é que a geração mais jovem tomou conhecimento do orgasmo. E não se trata de coincidência o fato de a geração mais jovem ter saído em busca da verdade, à procura do êxtase, pois, embora o orgasmo seja momentâneo, proporciona à pessoa um vislumbre do além.

Acontecem duas coisas no orgasmo: a primeira é que a mente para de pensar incessantemente e fica, por um momento, no estado de não mente; e, a segunda, o tempo para. Esse momento único de alegria orgástica é tão imenso e tão gratificante que é igual à eternidade.

O homem adquiriu consciência muito cedo de que são essas duas coisas que lhe dão o maior prazer possível, considerando-se a natureza. E foi uma conclusão simples e lógica que, se ele é capaz de parar sua mente tagarela e ficar tão silencioso a ponto de tudo parar, incluindo-se o tempo, então ele está livre da sexualidade. Não há necessidade de depender de outra pessoa, seja homem ou mulher, pois é possível alcançar esse estado de meditação sozinho. Embora o orgasmo não possa ser mais do que momentâneo, a meditação pode se estender por 24 horas.

Um homem como Buda Gautama vive cada momento de sua vida na alegria do orgasmo, e não tem nada a ver com sexo.

Repetidas vezes me perguntaram por que tão poucas mulheres se tornaram iluminadas. Entre outras razões, a mais importante é o fato de elas nunca terem tido o gosto de vivenciar o orgasmo. A janela para o vasto céu nunca abriu. Viveram, produziram filhos e morreram. Foram usadas pela biologia e pelo homem, assim como fábricas, ao produzirem crianças.

No Oriente, até agora, é muito difícil encontrar uma mulher que saiba o que é orgasmo. Tenho feito essa pergunta a mulheres muito inteligentes, educadas e cultas, e elas não têm a menor ideia do que isso significa. Na verdade, nas línguas orientais, não existe nenhuma palavra que possa ser usada como tradução para "orgasmo". Não era necessário, uma vez que simplesmente nunca foi considerado.

E o homem ensina a mulher que só prostitutas é que gostam de sexo. Elas gemem, suspiram e gritam, e chegam quase à loucura. Para ser uma senhora respeitável, a mulher não deve fazer esse tipo de coisa. Assim, a mulher permanece tensa, e se sente profundamente humilhada, por ter sido usada. E muitas mulheres me relataram que, depois de fazer amor, quando o marido vira para o outro lado e começa a roncar, elas choram.

A mulher é quase como um instrumento musical. Todo o seu corpo tem uma sensibilidade enorme, mas essa sensibilidade deve ser despertada. Para isso é necessário começar pelas preliminares. Além disso, após fazer amor, o homem não deve dormir, pois, além de desagradável, não é nada civilizado. A mulher que lhe deu tanta alegria precisa de algo no pós-sexo também, por uma questão de gratidão.

A questão apontada na pergunta, sobre a qual discorremos aqui, é muito importante, e vai ser cada vez mais importante no futuro. Esse problema tem que ser resolvido. No entanto, o casamento é uma barreira, a religião é uma barreira, as velhas ideias podres são um obstáculo. Estão impedindo metade da humanidade de ser feliz, e toda a energia das pessoas, que deveria ter florescido em flores de alegria, se torna azeda, venenosa, carregada de irritação e má intenção. De outro modo, toda essa irritação e essa má intenção desapareceriam.

Homens e mulheres não devem estar juntos com base em um contrato, como o casamento. Devem estar apaixonados, mas devem manter sua liberdade. Não devem nada um ao outro.

E a vida deve ter maior mobilidade. A mulher ter contato com muitos amigos, e o homem ter contato com muitas mulheres, deve ser simplesmente a regra. Entretanto, isso somente é possível se o sexo for adotado como brincadeira, diversão. Não como pecado, e sim como diversão. E desde a introdução da pílula anticoncepcional não há razão para ter medo de engravidar.

A pílula, na minha opinião, é a maior revolução que aconteceu na história. Suas implicações como um todo ainda não foram disponibilizadas às pessoas. No passado, era difícil, porque fazer amor significava mais e mais crianças. Isso destruía a mulher, uma vez que ela estava sempre grávida. Permanecer grávida e dar à luz entre 12 e 20 filhos é uma experiência tortuosa. As mulheres eram usadas como gado.

Mas o futuro pode ser totalmente diferente, e a diferença não virá do homem. Tal como Marx disse ao proletariado: "Proletários do mundo, uni-vos, vós não tendes nada a perder", mas tudo a ganhar... Ele via a sociedade dividida em duas classes: os ricos e os pobres.

Vejo a sociedade dividida em duas classes: uma, de homens, e outra de mulheres.

O homem permaneceu como o senhor durante séculos, e a mulher, como a escrava. Ela foi leiloada, foi vendida, foi queimada viva. Tudo de desumano que pode ser feito, foi feito às mulheres, e elas constituem metade da humanidade...

Eu me sinto completamente aprisionada pelo medo de ter intimidade e de perder totalmente o controle com um homem, você diz. Toda mulher tem medo, porque se perde o controle com um homem, ele enlouquece. Ele não consegue lidar com isso, sua sexualidade é muito pequena. O fato de ele ser o doador faz com que perca energia durante o ato sexual. A mulher não perde energia ao fazer amor; pelo contrário, ela se sente reabastecida.

E são esses, então, os fatos que precisam ser levados em conta. Durante séculos o homem forçou a mulher a se controlar e a manteve a distância, sem nunca permitir que ela tivesse muita intimidade. Todo o seu discurso sobre amor é besteira.

Essa mulher escandalosa está presa aqui dentro. Quando ela sai, de vez em quando, os homens geralmente surtam e, então, ela volta a hibernar, para não correr riscos, e é totalmente frustrada. Essa não é só a história de uma única mulher, é a história de todas as mulheres. Estão todas vivendo em profunda frustração.

Sem ter nenhuma saída, e sem saber nada sobre o que foi tirado delas, elas têm apenas uma abertura: vão ser encontradas nas igrejas, nos templos, nas sinagogas, orando a Deus. Mas esse Deus também é um machista.

Na Santíssima Trindade cristã não há lugar para mulheres. Todos são homens: o Pai, o Filho, o Espírito Santo. É um clube de meninos.

E o maior dano feito a elas é o casamento, uma vez que nem homem nem mulher são monogâmicos. Psicologicamente, homens e mulheres são polígamos. Assim, toda a psicologia deles tem sido forçada contra a própria natureza. Como a mulher era dependente do homem, era obrigada a sofrer todos os tipos de insultos, pois o homem era o senhor, o proprietário, e possuía todo o dinheiro.

Para satisfazer a natureza polígama o homem criou prostitutas. As prostitutas são um subproduto do casamento.

E essa instituição de prostituição não vai desaparecer do mundo, a menos que o casamento desapareça. É uma sombra do casamento, uma vez que o homem não quer ficar amarrado a uma relação monogâmica, e ele tem a liberdade de movimento, o dinheiro, a educação, todo o poder. Ele inventou as prostitutas, e destruir uma mulher transformando-a em uma prostituta é o assassinato mais horrível que se pode cometer.

O estranho é que, embora todas as religiões sejam contra a prostituição, na verdade são a própria causa dela. São a favor do casamento, e não conseguem enxergar um fato simples: que a prostituição passou a existir com o casamento.

Agora o movimento feminista está tentando imitar toda a estupidez que os homens fizeram às mulheres. Em Londres, em Nova York, em São Francisco é possível encontrar garotos de programa. Este é um fenômeno novo. Não se trata de um passo revolucionário e sim de um passo reacionário.

O problema é que o indivíduo somente terá uma experiência orgástica se perder o controle ao fazer amor. Então, pelo menos o meu povo deve ser mais compreensivo e permitir que a mulher gema, suspire e grite. É porque todo o corpo da mulher está envolvido, e é um envolvimento total.

O homem não precisa ter medo. É tremendamente tranquilizante: ela não vai ser mal-intencionada, nem vai ralhar com ele, porque toda a energia que se torna mal-intencionada é transformada em uma enorme alegria. E não se deve ter medo dos vizinhos. É problema dos vizinhos se ficarem preocupados com os gemidos e os suspiros, e não do homem. O homem não os está impedindo...

Transforme o amor em um negócio realmente festivo, e não um negócio rápido e passageiro. Dance, cante, toque música, e não deixe que o sexo seja cerebral. O sexo cerebral não é autêntico. O sexo deve ser espontâneo. É preciso criar a situação. O quarto deve ser um lugar tão sagrado quanto um templo. Não se deve fazer mais nada no quarto, além de cantar, dançar e tocar, e se amor acontecer por conta própria, como algo espontâneo, o homem vai se surpreender com o fato de a biologia lhe oferecer um vislumbre da meditação.

E não deve se preocupar com a mulher que está enlouquecida. Ela tem que enlouquecer, todo o seu corpo está em um espaço totalmente diferente. Ela não pode estar sob controle, pois, se estiver, vai permanecer como um cadáver.

Milhões de pessoas estão fazendo amor com cadáveres.

Ouvi uma história sobre Cleópatra, a mais bela mulher. Quando ela morreu, de acordo com os antigos rituais egípcios, seu corpo permaneceu sem enterrar por três dias. Ela foi estuprada naqueles três dias, era um corpo morto. Quando soube disso pela primeira vez, fiquei surpreso. Que tipo de homem a estupraria? Mas depois percebi que talvez não seja um fato tão estranho. Todos os homens reduziam as mulheres a cadáveres, pelo menos enquanto faziam amor.

O tratado mais antigo sobre amor e sexo é o *Kama Sutra*, de Vatsyayana, com aforismos sobre sexo. Ele descreve 84 posições para fazer sexo. E quando os missionários cristãos vieram para o Oriente, ficaram surpresos ao perceber que conheciam apenas uma postura: a do homem por cima, porque assim o homem tem mais mobilidade, e a mulher está deitada como um cadáver embaixo dele.

A sugestão de Vatsyayana é muito precisa: a mulher deve ficar por cima. O homem por cima não é nada civilizado, pois a mulher é muito frágil. No entanto, a razão de os homens terem escolhido ficar por cima é para que pudessem manter a mulher sob controle. Esmagada sob a besta, a beleza é obrigada a estar sob controle. A mulher nem mesmo abre os olhos, porque fica parecendo prostituta. Ela tem que se comportar como uma dama. Essa postura, com o homem por cima, é conhecida no Oriente como a postura do missionário.

Uma grande revolução está à frente na relação entre homem e mulher. Há instituições em desenvolvimento no mundo todo, nos países avançados, onde se ensina como amar. É lamentável que até mesmo os animais saibam como amar e o homem precise ser ensinado. E, em seu ensino, o elemento básico são as preliminares e o pós-sexo. Depois, o amor se torna uma experiência tão sagrada...

A mulher deve abandonar o medo de ter intimidade e de perder totalmente o controle com um homem. Deixe que o idiota tenha medo. Se ele quiser ter medo, é problema dele. A mulher deve ser autêntica e verdadeira consigo mesma. Do contrário, estará mentindo para si mesma, estará se enganando, estará se destruindo.

Qual é o problema de o homem se assustar e sair correndo nu do quarto? Feche a porta! Deixe que toda a vizinhança saiba que esse homem é louco. Você não precisa controlar a possibilidade de ter uma experiência orgástica. A experiência orgástica é a experiência da junção e da fusão, da ausência de ego, da insensatez, da atemporalidade.

Isso pode desencadear a busca de uma maneira que, sem nenhum homem, sem nenhum parceiro, a mulher possa abandonar a mente, abandonar o tempo, e entrar em uma alegria orgástica por conta própria. Chamo a isso de meditação autêntica.

Não se preocupe, aproveite o jogo todo. Trate isso de forma lúdica. Se um homem surtar, há milhões de outros homens. Um dia a mulher há de encontrar algum sujeito louco que não surta.[1]

"Ouvi dizer que você afirmou que 98% das mulheres do Oriente não conhecem o orgasmo. Por que elas parecem tão graciosas e não frustradas como as mulheres no Ocidente?"

Trata-se de uma lógica estranha da vida, mas de um modo muito simples. No Oriente, 98% das mulheres não sabem o que é orgasmo. Você questiona: *Por que elas parecem tão graciosas e não frustradas como as mulheres no Ocidente?* É por isso!

É preciso, primeiro, experimentar algo para que seja possível perceber, depois, que isso lhe foi negado. Somente então vem a frustração. Se a mulher não sabe, de jeito nenhum, que existe algo como orgasmo, então, não há motivo para frustração. No Ocidente também, até o século passado, a mulher não era frustrada, porque a situação era a mesma. Foi devido à psicanálise e a pesquisas mais profundas sobre as energias huma-

---

[1] *O fio da navalha*, Capítulo 26.

nas que se descobriu que, durante um milênio, as mulheres viveram sob uma falácia. A falácia era que a mulher tinha orgasmo vaginal, o que não tem sido considerado como verdadeiro. A mulher não tem orgasmo vaginal em absoluto.

Na verdade, a vagina da mulher é completamente insensível, não tem sensibilidade alguma. Seu orgasmo é clitoriano, e o clitóris é uma parte totalmente separada. A mulher pode reproduzir filhos sem conhecer o orgasmo, e pode fazer amor sem experimentar o orgasmo. É por isso que por séculos, tanto no Oriente quanto no Ocidente, a mulher ficava satisfeita em ser mãe. De certo modo, ela era contra o sexo, uma vez que não lhe dava nenhum prazer. Dava, isto sim, apenas problema: a gravidez. Durante séculos as mulheres viveram apenas como fábricas, reproduzindo crianças. O homem as usava como fábricas, e não como seres humanos, pois nove entre dez filhos costumavam morrer. Portanto, se o desejo era ter dois ou três filhos, a mulher tinha que produzir duas ou três dúzias de filhos. Isso significa que, durante toda a vida sexual da mulher, enquanto ela fosse capaz de dar à luz, ela ficava grávida repetidas vezes, e a gravidez é um sofrimento.

A mulher nunca foi a favor do sexo. Ela sofria com o sexo, e o tolerava. E o fazia porque era seu dever, mas no fundo odiava o marido, porque ele agia como um animal. Por que você acha que as mulheres sempre veneraram os santos celibatários? A razão mais profunda é que o celibato deles revelava que eles eram mais santos. Ela não podia respeitar o próprio marido da mesma maneira.

Depois de o homem ter uma relação sexual com uma mulher, ela não consegue respeitá-lo. Este tem sido o custo, pois ela sabe que o homem a usou.

Em todas as línguas, a expressão deixa muito claro: é o homem que faz amor com a mulher, não o contrário. É estranho...

eles fazem amor um com o outro, mas em todas as línguas é sempre o homem que faz amor, enquanto a mulher é apenas um objeto. A mulher apenas tolera, e faz sexo porque foi condicionada em sua mente de que é seu dever, o marido é o deus, e ela tem que tornar a vida dele o mais agradável possível.

Mas o sexo não oferecia nada a ela. E ela era mantida sem saber... porque o homem deve ter tomado conhecimento muito cedo, quando não havia casamento, e quando homens e mulheres eram livres como pássaros, assim como as mulheres mais antigas, de que a mulher tinha a capacidade de ter orgasmo múltiplo.

É um sinal muito perigoso para o marido desencadear as energias orgásticas da mulher. O marido não pode satisfazer a esposa, afinal, nenhum marido pode satisfazer a mulher. Parece um disparate, uma falha da natureza, que a mulher tenha orgasmos múltiplos enquanto o homem pode ter apenas um. O homem tentou evitar até mesmo o conhecimento de que a mulher é capaz de ter orgasmo. É por isso que, no Oriente, isto é o que ainda acontece, especialmente nas regiões interioranas dos países. A exceção são as cidades modernas, onde algumas mulheres podem ter descoberto, por meio da educação, a capacidade da mulher de ter orgasmo múltiplo, e podem já ter ouvido falar dos nomes Masters e Johnson [o primeiro, médico e, a segunda, uma psicóloga, ambos norte-americanos].

No entanto, no Ocidente, isso se tornou um problema, pois a descoberta do orgasmo múltiplo e de séculos de decepção da mulher com o homem aconteceu simultaneamente. Em paralelo, o movimento feminista crescia, e as mulheres estavam tentando descobrir todos os males provocados contra elas pelos homens. De repente, elas se apossaram desse novo fenômeno, dessa busca, e as mulheres mais fanáticas do movimento feminista tornaram-se lésbicas, pois somente uma mulher podia ajudar outra mulher a ter orgasmo múltiplo, uma vez que este não dizia mais respeito à vagina.

O corpo do homem e o da mulher são muito semelhantes, exceto que o homem tem apenas as marcas dos seios, enquanto a mulher tem os seios de fato. Mas o homem tem as marcas em sua fisiologia. O clitóris é apenas uma marca do pênis do homem, é apenas uma pequena saliência, mas é do lado de fora da vagina. As crianças nascem para fora da vagina, e o homem não precisa tocar o clitóris. Isso significa que, se o clitóris não é tocado, a mulher não consegue chegar ao orgasmo, e é por isso que, no passado, era muito simples evitá-lo.

A mulher do Oriente parece mais contente porque não tem consciência do que está perdendo. Ela é mais graciosa porque nem começou a pensar em nenhuma libertação. O Oriente como um todo vive sob o condicionamento da satisfação, tanto homens quanto mulheres, com a pobreza, com a escravidão, com a doença, com a morte.

A ideia da revolução não foi possível na mente oriental porque o condicionamento era tão forte, e tão antigo, que o indivíduo é o subproduto das próprias ações nas vidas passadas...

O motivo de as orientais parecerem tão graciosas e não tão frustradas como no Ocidente é muito simples de entender: elas aceitaram seu destino. A mulher ocidental, pela primeira vez na história, está se revoltando contra todas essas ideias fictícias sobre destino, a lei do karma, vidas passadas...

A mulher ocidental teve que passar por um período muito revolucionário, que destruiu seu contentamento, e a graça que fora sempre dela. E que a levou ao extremo. Ela passou a se comportar de um modo desagradável e indecente. Não se trata de uma rebeldia com base na compreensão, e sim uma atitude reacionária.

Das causas que marcaram a mudança entre a mulher ocidental e a oriental, a primeira foi Karl Marx. Ele propôs, e convenceu os intelectuais do mundo inteiro, que a pobreza não tinha nada a ver com a vida passada, ou com fatalidade, ou com destino, e que não era decisão de Deus quem deveria ser pobre e quem deveria ser rico. Era a estrutura social, a estrutura econômica que decidia quem deveria ser pobre. E essa estrutura podia ser mudada, pois não era feita por Deus, uma vez que Deus não existia como tal – era feita pelo homem...

Portanto, a primeira martelada veio de Karl Marx. A segunda martelada veio de Sigmund Freud. Ele declarou que homens e mulheres são iguais, pertencem à mesma espécie, e que quaisquer teorias ou filosofias que condenem as mulheres são simplesmente desumanas e machistas. E, depois, a terceira e última martelada veio de pesquisas de Masters e Johnson, que trouxeram à tona que a mulher tinha sido privada do orgasmo durante séculos. Constatou-se que o homem tinha realmente sido desumano em seu comportamento. Quanto às suas próprias necessidades sexuais, o homem usou a mulher, mas não permitiu que ela apreciasse o sexo.

Esses três elementos mudaram toda a atmosfera no Ocidente, mas não penetraram ainda no Oriente, que tem mente tradicional. Como consequência, a mulher ocidental está em pé de guerra. No entanto, trata-se de um fenômeno reacionário, e é por isso que não sou a favor do que está acontecendo em nome da libertação das mulheres.

Quero que as mulheres sejam libertadas, mas não para ir para o outro extremo. O movimento feminista está se movendo em direção ao outro extremo, ou seja, está tentando fazer com que a mulher seja vingativa, e faça com o homem exatamente o que ele fez com ela.

Isso é pura estupidez. Passado é passado, já não existe mais, e o que o homem fez foi feito inconscientemente. Não foi uma atitude consciente contra as mulheres. Nem ele nem ela tinham consciência.

O movimento feminista declara que elas não querem ter nenhum relacionamento com os homens, querem cortar todas as relações com os homens. Elas estão promovendo o lesbianismo, um paralelo da homossexualidade, ao declarar que as mulheres devem amar somente outras mulheres e boicotar os homens. Isso é pura perversão. E, como reação, as mulheres devem fazer ao homem tudo o que ele fez a elas: comportar-se mal, maltratar, usar palavrões, como o homem sempre usou, fumar cigarros, como o homem sempre fumou.

Naturalmente, elas estão perdendo sua graça, sua beleza... vestem-se como o homem sempre se vestiu. Mas é um fenômeno esquisito que o modo como a mulher se veste mude tanto. O modo de a mulher oriental se vestir tem elegância, e proporciona encanto a todo o seu corpo. A mulher ocidental está tentando competir com caubóis, usando calça jeans, roupas com aparência estúpida e penteados horríveis.

Elas acham que talvez estejam se vingando, mas na verdade estão destruindo a si mesmas. E a vingança sempre traz destruição para si, da mesma forma que a reação. Adoraria vê-las como rebeldes.[2]

---

[2] *O rebelde*, Capítulo 29.

O casamento

"Por que é tão difícil que homens e mulheres sejam amigos? Parece tão comum, mas acaba por ser praticamente impossível. Ou existe um compromisso desagradável, do tipo homem e esposa, ou, então, paixão, que acaba se transformando em ódio. Por que há sempre repulsa entre homens e mulheres?"

É muito simples de entender. O casamento é a instituição mais horrível inventada pelo homem. Não é natural, e foi inventado para que o homem pudesse monopolizar uma mulher. O homem tem tratado as mulheres como se fossem um pedaço de terra, ou algumas notas de dinheiro. Ele reduziu a mulher a um objeto.

É bom lembrar que aquele que reduz qualquer ser humano a um objeto, inconscientemente também é reduzido ao mesmo status. Caso contrário, este não seria capaz de se comunicar. Aquele que consegue falar com uma cadeira, tem que ser uma cadeira.

O casamento é contra a natureza.

O indivíduo pode ter certeza apenas do momento que está em suas mãos. Todas as promessas para amanhã são mentiras, e o casamento é uma promessa de que o casal vai permanecer junto por toda uma vida, que homem e mulher vão amar um ao outro, que vão se respeitar até o último suspiro.

E esses padres, que são os inventores de muitas coisas horríveis, dizem que os casamentos são feitos no céu. Nada é feito no céu, não existe céu.

Se a pessoa ouve a natureza, seus problemas, suas dúvidas simplesmente evaporam. O problema é que, biologicamente, o homem é atraído pela mulher, e as mulheres são atraídas pelos homens, mas essa atração não pode permanecer a mesma para sempre. O indivíduo é atraído por algo que é um desafio para obter. Um indivíduo vê um homem bonito, uma mulher bonita, e se sente atraído. Não há nada de errado nisso. Ele sente seu coração bater mais rápido. Gostaria de estar com aquela mulher, ou homem, e a atração é tão grande que, naquele momento, ele acha que gostaria de viver com aquela mulher, ou homem, para sempre.

Os amantes não enganam um ao outro, dizem a verdade, mas essa verdade pertence ao momento. Quando os amantes dizem um ao outro "Não posso viver sem você", não significa que um esteja iludindo o outro, eles realmente querem dizer isso. Porém, eles não conhecem a natureza da vida. Amanhã, essa mesma mulher não vai parecer tão bonita. À medida que os dias passam, tanto o homem como a mulher vão sentir que estão presos.

Conhecem completamente a geografia um do outro. Primeiro foi um território desconhecido a ser descoberto e, agora, não há nada a ser descoberto. E continuar repetindo as mesmas palavras e os mesmos atos parece mecânico, desagradável. É por isso que a paixão se transforma em ódio. A mulher odeia o homem porque o homem vai fazer a mesma coisa de novo. Para evitá-lo, no momento em que o marido entra em casa, ela vai para a cama, porque está com dor de cabeça. De certo modo, ela não quer entrar na mesma rotina. E o homem, por sua vez, está flertando com sua secretária no escritório, que agora é um território desconhecido.

Para mim, tudo isso é natureza. O que não é natural é amarrar as pessoas em nome da religião, em nome de Deus, pela vida inteira.

Em um mundo melhor e mais inteligente, as pessoas vão se amar, mas não vão fazer nenhum contrato. Não é um negócio! Vão compreender um ao outro, além de entender o fluxo de mudança de vida.

Vão ser verdadeiros um com o outro. Quando o homem sentir que, naquele momento, sua amada não sente mais nenhuma alegria com ele, ele vai dizer que chegou a hora de se separarem. Não há necessidade de casamento, assim como não há necessidade de divórcio. E daí, então, a amizade será possível.

Quanto à pergunta dirigida a mim, por que o relacionamento entre homens e mulheres... A amizade não é possível entre o carcereiro e o preso. A amizade é possível entre seres humanos iguais, totalmente livres de toda a escravidão da sociedade, da cultura, da civilização, apenas vivendo fiéis à sua natureza autêntica.

Não é um insulto à mulher dizer "Querida, a lua de mel acabou". Não é um insulto a um homem se a mulher disser "Agora as coisas não podem ser belas. O vento que soprava não existe mais. A estação mudou, não é mais primavera entre nós, nenhuma flor desabrocha, nenhuma fragrância se desprende. É tempo de nos separarmos". E como não há a escravidão legal do casamento, não há dúvida de que não há necessidade de qualquer divórcio.

É desagradável que o tribunal, a lei e o Estado interfiram na vida privada das pessoas, e é preciso pedir permissão a eles. Quem são eles? É um assunto entre dois indivíduos, um caso particular deles.

Haverá apenas amigos, nada de maridos, nada de esposas. É claro que, se houver apenas amizade, a paixão nunca vai se transformar em ódio. Quando a pessoa sentir que a paixão está desaparecendo, vai dizer adeus, e isso será compreendido. Mesmo que doa, nada pode ser feito em relação a isso, pois esse é o caminho da vida.

Mas o homem criou sociedades, culturas, civilizações, regras, regulamentos, e fez com que a humanidade inteira deixasse de ser natural. É por isso que homens e mulheres não podem ser amigos. E homens e mulheres se tornam maridos e esposas, o que é algo horrível, uma vez que eles passam a ser proprietários um do outro...

As pessoas não são objetos, e não podem ser proprietárias de ninguém. Se acho que a esposa de um homem é bonita, e me aproximo dela, o homem fica irritado e está pronto para lutar, porque estou me aproximando de sua propriedade. Nenhuma esposa é propriedade de ninguém, nenhum marido é propriedade de ninguém. Que tipo de mundo o ser humano criou? As pessoas estão reduzidas a propriedades e, consequentemente, há ciúme, ódio.

Todo homem sabe que é atraído pela esposa do vizinho. Naturalmente, também acredita que o mesmo ocorra com sua esposa. A esposa sabe perfeitamente bem que é atraída por outra pessoa, mas não pode se aproximar dessa pessoa por causa do marido. Ele está parado ali, com uma arma! O amor é obrigado a se transformar em ódio, e este vai se acumulando por toda a vida. E será que é possível que lindas crianças nasçam em meio a esse ódio? Elas não vão nascer por amor, mas por dever. É dever da esposa permitir que o marido faça uso dela.

Para dizer a verdade, não há diferença entre esposas e prostitutas. A diferença é simplesmente igual àquela entre ter o próprio carro ou pegar um táxi.

Uma prostituta é comprada apenas por algumas horas, enquanto a esposa é um negócio de longo prazo, envolve uma questão econômico-financeira. As famílias reais não têm permissão para se casar com cônjuges que não tenham sangue azul: status, dinheiro, poder... Ninguém pode amar alguém em tais circunstâncias, em que a relação é financeira.

A mulher é dependente do marido porque é ele que fatura. E durante séculos os homens não permitiram que as mulheres estudassem, tivessem o próprio negócio, empregos, pela simples razão de que, se a esposa tivesse seu próprio status financeiro, sua própria conta no banco, eles não poderiam reduzi-la a um objeto. Ela tem que ser dependente do homem. E qual homem que pensa que alguma mulher que tenha que ser dependente dele vai amá-lo?

Toda mulher quer matar o marido. O fato de ela não matá-lo é outra questão. Ora, se matá-lo, o que ela vai fazer? Ela não tem formação educacional, não tem experiência profissional e social, não tem meios de se sustentar. O marido – todo marido, sem exceção – quer se livrar da mulher. Mas ele não pode se livrar dela. Além de ter os filhos, ele próprio jurou milhares de vezes à mulher que a ama. Quando vai para o trabalho, antes de sair, dá um beijo na esposa. Não há amor nisso, apenas esqueletos tocando um no outro. Ninguém está presente.

O homem criou uma sociedade em que a amizade entre homem e mulher é impossível.

Deve-se lembrar que a amizade é tão valiosa que, qualquer que seja a consequência, os indivíduos permanecem amigos, até mesmo com a esposa, até mesmo com o marido, e permitem a total e absoluta liberdade um com o outro.

Não vejo nenhum problema. Se eu amo uma mulher, e um dia ela diz que se apaixonou por outra pessoa e se sente muito feliz, vou ficar feliz. Eu a amo, e gostaria que ela fosse feliz. Qual é o problema? Vou ajudá-la de todas as formas para que possa ser mais feliz. Se ela pode ser mais feliz com outra pessoa, por que eu haveria de ficar magoado?

É o ego que fica ferido: a mulher encontrou outra pessoa melhor do que o marido. Não é uma questão de ser melhor, pois pode ser simplesmente o motorista. É apenas uma questão de fazer uma pequena mudança. E se o casal tem liberdade total um com o outro, talvez possam permanecer juntos por toda a vida, ou por toda a eternidade, uma vez que não há necessidade de um se livrar do outro.

O casamento cria a necessidade de se livrar um do outro, porque significa que a liberdade lhes foi tirada, e a liberdade é o que há de mais valioso na vida humana. Ao se fazer com que todos os casais sejam livres, para surpresa de todos, o mundo vai virar um paraíso.

Existem outros problemas. Os casais têm filhos. O que fazer com os filhos? A minha resposta para isso é que os filhos não devem pertencer a seus pais, e sim à comunidade. Daí, então, não há problema. Os pais podem encontrar os filhos, podem conviver com eles, podem ser amigos dos filhos e, no entanto, os filhos não são dependentes dos pais, pois pertencem à comunidade. Além disso, isso vai acabar com muitos problemas psicológicos.

Se um menino conhece apenas sua mãe, a personalidade da mãe torna-se um *imprint* [marca] nele. Ora, o menino vai passar a vida inteira tentando encontrar uma mulher que seja como a própria mãe, e nunca encontrará tal mulher. Uma menina nunca vai encontrar outro homem que seja exatamente a cópia de seu pai. Então ninguém pode ficar satisfeito com nenhuma mulher, nenhum homem.

Porém, se as crianças pertencem à comunidade, hão de entrar em contato com tantos tios e tantas tias que não irão carregar uma imagem única em suas mentes. Vão ter uma vaga ideia da feminilidade ou masculinidade, ideia para a qual muitas pessoas da comunidade terão contribuído e que será multidimensional. Existe a possibilidade de se encontrar alguém, porque o indivíduo tem apenas uma vaga ideia. Pode-se encontrar alguém que vá tornar sólida a vaga ideia e transformá-la em realidade. Nesse momento, o indivíduo tem uma ideia sólida dentro de si e encontra uma pessoa vaga. Mais cedo ou mais tarde, vem a decepção.

Além do mais, as crianças que pertencem à comunidade vão aprender muito, vão ser mais amigáveis e mais acessíveis a todos os tipos de influência. Serão mais ricas. A criança educada por um casal é muito pobre. Ela não sabe que há milhões de pessoas com mentes diferentes e com diferentes tipos de beleza. Se uma criança vive na comunidade, é natural que vá ser muito mais rica. E terá adquirido bastante conhecimento antes de decidir ficar com alguém com quem exista a possibilidade de uma longa amizade.

O que acontece agora? O rapaz vê uma menina na praia e se apaixona. Não sabe nada sobre a menina, conhece apenas a maquiagem. Amanhã de manhã, quando se levanta e a maquiagem foi embora, há de pensar: "Meu Deus! O que foi que eu fiz? Essa não é a mulher com quem me casei, essa é outra pessoa!" Entretanto, não pode ir contra a promessa feita. E se for, o governo e os tribunais estarão lá para colocá-lo de volta em seu devido lugar. Esta é uma situação muito ruim, muito desagradável.

Deve-se dar liberdade às pessoas para que conheçam umas às outras, e conheçam o máximo de pessoas possível, pois, como cada pessoa é única, não há motivo para se fazerem comparações. É preciso deixar a criança beber de muitas fontes, para que tenha alguma visão sobre quem será a pessoa certa para viver junto.

Ninguém vai se apaixonar. Todos vão decidir conscientemente que "Este é o escolhido". O indivíduo conhece muitas pessoas e compreende que a pessoa que tem essas e aquelas características, essas e aquelas qualidades, é quem ele adora. E, depois, também será apenas uma amizade. Não existe nenhum temor. Se amanhã as coisas mudarem, não haverá nenhum dano.

A sociedade não deve viver de modo rotineiro, de maneira fixa, estática, dormente, deve ser um fluxo em movimento. Uma mulher pode dar ao homem um determinado tipo de alegria, outra mulher pode lhe dar outro tipo de alegria. Uma terceira mulher será uma surpresa. Então, por que permanecer pobre? Apenas porque Jesus disse "Bem-aventurados os pobres"?

É preciso ser mais rico em cada dimensão, e manter-se aberto e disponível. E, com quem quer que esteja, o indivíduo deve deixar que a outra pessoa entenda claramente que "se trata de liberdade entre nós, não uma licença de casamento. Nós nos encontramos motivados pela liberdade, sem nenhuma promessa para o futuro, porque, quem sabe o futuro?".

Quando eu era estudante da universidade e estava em meu curso final de mestrado, havia uma garota muito interessada em mim. Embora fosse uma pessoa bonita, meu interesse não estava voltado para mulheres naquela época. Eu estava louco em busca de Deus!

Após os exames, quando ela estava saindo da universidade... Ela havia esperado, eu sabia, e tinha esperado que eu a abordasse. Esta é a ideia comum, que o homem é que deve abordar a mulher, e é um sinal de virtuosidade que a mulher não aborde o homem. Ideia esquisita... Eu não entendo. Quem quer que se aproxime, não deixa de ser gracioso. Na verdade, aquele que inicia é corajoso.

Quando estávamos saindo da universidade, ela pensou: "Agora não há nenhuma chance." Ela me puxou de lado e disse:

– Durante dois anos consecutivos fiquei à espera. Será que não podemos ficar juntos por toda a nossa vida? Eu te amo.

E eu disse:

– Se você me ama, então, por favor, me deixe em paz. Também te amo, e é por isso que estou deixando você em paz. Eu sei o que vem acontecendo em nome do amor. As pessoas estão se tornando prisioneiras, acorrentadas, perdem toda a sua alegria, e a vida se torna um obstáculo. Portanto, este é o meu conselho de despedida para você: nunca tente se apegar a uma pessoa por toda a sua vida.

Se duas pessoas estão de bom grado juntas hoje, é mais do que suficiente. Se amanhã novamente tiverem vontade de estar junto, ótimo. Se não tiverem vontade, será um assunto pessoal, e ninguém tem que interferir.

Até agora, levanta-se o problema dos filhos. A minha opinião é que os filhos devem pertencer à comunidade. Eles podem ter contato com os pais, quer os pais estejam juntos ou separados. E devem aprender com os pais que o amor não é escravidão, é liberdade. Além disso, devem se deslocar dentro da comunidade, para provar e desfrutar das diferentes qualidades de pessoas diferentes.

Assim, no momento em que decidirem, a decisão não será apenas um tipo tolo de "apaixonar-se", mas também um fenômeno muito considerado, contemplado e meditado. Há a possibilidade de que eles venham a ficar juntos por toda a vida. Na verdade, se há liberdade, há maior possibilidade, e mais pessoas hão de permanecer juntas.

Se o casamento desaparece, o divórcio desaparece automaticamente. Este é um subproduto do casamento. Ninguém toma conhecimento do simples fato de por que há séculos existem prostitutas? Quem as criou? Quem é o responsável por essas pobres mulheres? É a instituição do casamento.

O homem está entediado da esposa e, apenas para variar, vai até uma mulher que não será uma escravidão; uma vez que uma é o suficiente, duas vai ser demais. Trata-se apenas de um encontro temporário, de algumas horas. Ele pode ser encantador por algumas horas, amoroso por algumas horas. Ela pode ser adorável e carinhosa por algumas horas. E, além do mais, ela é paga para isso.

Ao redor do mundo, milhões de mulheres são reduzidas a ponto de vender seus corpos. Quem fez isso? Os líderes políticos, os líderes religiosos. Considero essas pessoas criminosas. E não criminosos comuns, pois faz séculos que toda a humanidade vem sofrendo por causa desses poucos idiotas.

Mas cada um tem que começar por si mesmo, não existe outra maneira. Se um homem ama uma mulher, por exemplo, então é a liberdade que deve ser o elo entre eles. E se esse homem vê sua mulher abraçando outra pessoa amanhã, não há necessidade para ficar com ciúme. Ela está enriquecendo, experimentando um pouco de novidade, da mesma forma que o homem há de ir, de vez em quando, a um restaurante chinês! É bom. O homem vai voltar para sua comida habitual, mas o restaurante chinês tem sido de grande ajuda para ele, pois assim pode apreciar mais sua própria comida.

Mas, depois de alguns dias, mais uma vez, e é assim que a mente funciona, o homem vai a um restaurante italiano... espaguete!

A vida é tão simples e tão bela, mas ainda falta uma coisa: a liberdade. Se a esposa de alguém está saindo com algumas outras pessoas, logo ela vai voltar para o marido enriquecida, e com uma nova visão. Além disso, ela vai encontrar algo nele que nunca tinha encontrado antes. E, enquanto isso, o marido não precisa simplesmente ficar sentado em sua cadeira, batendo a cabeça. Ele também ganha experiência, de modo que, quando sua mulher estiver de volta, ele também estará novo. Ele também esteve no restaurante chinês.

A vida deve ser uma alegria, um prazer. E, portanto, só pode haver amizade entre homens e mulheres. Caso contrário, homens e mulheres vão permanecer inimigos íntimos.[1]

"Se o amor é destruído no casamento, como é que vamos viver se quisermos compartilhar o amor e os pensamentos do dia a dia e, ainda, criar filhos com mãe e pai?"

Eu nunca disse que o amor é destruído pelo casamento. Como é possível o casamento destruir o amor? Sim, é destruído no casamento, mas é destruído pelo ser humano, não pelo casamento. É destruído pelos parceiros. Como pode o casamento destruir o amor? É o ser humano que o destrói, porque não sabe o que é amor. Ele simplesmente finge que sabe, apenas tem esperança de que sabe, sonha que sabe, mas na verdade não sabe o que é o amor. O amor tem que ser aprendido. É a maior arte que existe.

Se as pessoas estão dançando e alguém diz para uma moça "Venha dançar!", essa moça diz "Eu não sei". Ela não vai pular imediatamente e começar a dançar, achando que todo mundo achará que ela é uma grande dançarina. Vai apenas fazer papel de boba. Não vai se revelar uma dançarina. A dança tem que ser aprendida, isto é, a graça da dança, o movimento da dança. É preciso treinar o corpo para isso.

---

[1] *From the False to the Truth* [Do falso à verdade], Capítulo 1.

Não se pode simplesmente começar a pintar apenas porque a tela, o pincel e as cores estão disponíveis para tal. Não se começa a pintar de uma hora para outra. Não se diz "Todos os requisitos estão aqui, de modo que eu posso pintar". Qualquer um pode pintar, mas não será um pintor dessa maneira.

Um homem encontra uma mulher, e a tela está lá disponível. Ele imediatamente se torna um amante, e começa a pintar. E ela começa a pintar o homem. É claro que ambos demonstram ser dois tolos, tolos pintados, e, mais cedo ou mais tarde, o homem percebe o que está acontecendo. Mas ele nunca pensou que o amor fosse uma arte. Ele não nasceu com a arte, não tem nada a ver com o seu nascimento. Ele tem que aprender a pintar. É a arte mais sutil.

O ser humano nasce somente com uma capacidade. É claro que nasce com um corpo e, portanto, pode ser um dançarino, porque tem um corpo. Pode mover o corpo e, portanto, pode ser um dançarino. Entretanto, a dança tem que ser aprendida. É necessário muito esforço para aprender a dançar. E dançar não é tão difícil quando a pessoa se envolve com a dança.

Amar é muito mais difícil. É como dançar com outra pessoa. O outro também precisa saber o que é a dança. Dar certo com alguém é uma grande arte. Criar uma harmonia entre duas pessoas... duas pessoas quer dizer dois mundos diferentes. Quando dois mundos se aproximam, o confronto estará fadado a se instalar, caso os parceiros não saibam como criar uma harmonização entre si. O amor é harmonia. E a felicidade, a saúde, a harmonia, tudo acontecem a partir do amor. É preciso aprender a amar. Não se deve ter pressa para casar, e sim para aprender a amar. Primeiro, o indivíduo tem que se tornar um grande amante.

E qual é a exigência? A exigência é que um grande amante esteja sempre pronto para dar amor e que não se preocupe se é retribuído ou não. Acontece que o amor é sempre retribuído, pela própria natureza das coisas. É como quando alguém vai para as montanhas, canta uma música e os vales respondem. Já viu um ponto de eco nas montanhas, nos morros? Qualquer pessoa grita e os vales gritam de volta, ou, então, alguém canta e os vales cantam de volta. Cada coração é um vale. Se alguém derramar amor no coração, este vai responder.

A primeira lição de amor não é para pedir amor, mas apenas para dar. É preciso tornar-se um doador. E as pessoas estão fazendo exatamente o oposto. Mesmo quando dão, o fazem apenas com a ideia de que o amor deve voltar. Trata-se de uma barganha. Elas não compartilham, não compartilham à vontade. Compartilham com uma condição. Ficam observando do canto dos olhos se vai voltar ou não. Pessoas muito pobres... não conhecem o processo de operação natural do amor. Basta derramar amor, e ele virá.

E, se não vier, não tem nada com que se preocupar, porque um amante sabe que amar é ser feliz. Se vier, ótimo. Daí, então, a felicidade é multiplicada. Porém, mesmo que o amor nunca volte, a pessoa fica tão feliz e tão em êxtase no próprio ato de amar que quem é que se preocupa se o amor vem ou não?

O amor tem a sua própria felicidade intrínseca. Isso acontece quando a pessoa ama. Não há necessidade de esperar pelo resultado. Basta começar a amar. Aos poucos, vai ser possível perceber que muito mais amor está voltando para você. Aquele que ama passa a saber o que é o amor, apenas através do amor. Assim como se aprende a nadar nadando, é amando que se ama.

E as pessoas são muito mesquinhas. Estão à espera de algum grande amor, para que então venham a amar. Elas permanecem fechadas e se mantêm afastadas. Apenas esperam. De algum lugar virá alguma Cleópatra, e então vão querer abrir o coração, mas a essa altura terão esquecido completamente como abri-lo.

Não perca nenhuma oportunidade de amar. Mesmo passando por uma rua, a pessoa pode ser amorosa. Mesmo com o mendigo é possível ser amoroso. Não há necessidade de lhe dar alguma coisa, mas sorrir é sempre possível, pelo menos. Não custa nada, mas o próprio sorriso abre o coração de quem sorri e torna seu coração mais vivo. Basta segurar na mão de alguém, seja de um amigo, seja de um estranho. Não se pode esperar que se vá apenas amar quando a pessoa certa aparecer. Assim, a pessoa certa nunca vai aparecer. É preciso continuar amando. Quanto mais se ama, maior é a possibilidade de a pessoa certa surgir, porque o coração começa a florescer. E um coração que floresce atrai muitas abelhas, muitos amantes.

As pessoas foram treinadas de uma forma muito errada. Para começar, todo mundo vive sob a falsa impressão de que todo mundo já sabe amar. Basta nascer para a pessoa achar que é uma amante. Não é tão fácil. Sim, existe um potencial, mas o potencial tem que ser treinado, disciplinado. Existe uma semente, mas ela tem que virar uma flor.

As pessoas podem continuar a carregar sua semente, mas não virá nenhuma abelha. Alguém já viu abelhas indo até as sementes? Será que elas não sabem que as sementes podem se tornar flores? Mas as abelhas procuram as sementes apenas quando elas viram flores. Torne-se uma flor, não permaneça uma semente.

Duas pessoas, separadamente infelizes, criam mais infelicidade uma à outra quando se juntam. Isso é matemático. O homem está infeliz, a esposa está infeliz, e ambos têm a esperança de que juntos serão felizes? Essa é uma aritmética tão simples, como dois mais dois são quatro. Não faz parte de nenhuma matemática avançada, é muito simples, pode-se contar nos dedos. Os dois vão ser infelizes.

– Você não me ama mais? – perguntou a esposa de Mulla Nasruddin. – Você nunca diz nada agradável para mim como costumava dizer quando namorávamos, na fase em que você me cortejava – disse ela, enxugando uma lágrima do olho com a ponta do avental.

– Eu te amo, eu te amo – replicou Mulla Nasruddin. – Agora, por favor, cala a boca e me deixa beber minha cerveja em paz.

Cortejar ou namorar é uma coisa. Não dependa do namoro. Na verdade, antes de casar, é preciso livrar-se do namoro. A minha sugestão é que o casamento deve ocorrer após a lua de mel, nunca antes. O casamento só deve acontecer se tudo correr bem.

A lua de mel após o casamento é muito perigosa. Que eu saiba, 99% dos casamentos terminam no momento em que a lua de mel termina. Porém, nesse momento, o indivíduo está preso, e não tem como escapar. Depois, toda a sociedade, a lei, o tribunal, em suma, todo mundo estará contra ele, caso ele deixe a esposa, ou a esposa o deixe. Consequentemente, toda a moralidade, a religião, o padre, todos estão contra ele. Na verdade, a sociedade deve criar todas as barreiras possíveis contra o casamento e nenhuma barreira contra o divórcio.

A sociedade não deve permitir que as pessoas se casem tão facilmente. O tribunal deve criar barreiras, como, por exemplo, que o homem viva com a mulher por dois anos pelo menos, para que depois o tribunal possa permitir que os dois se casem. Agora eles estão fazendo exatamente o inverso. Se uma pessoa quer se casar, ninguém lhe pergunta se está pronta ou se é apenas um capricho, apenas porque gosta do nariz da mulher. Que tolice! Não se pode viver junto apenas por um nariz comprido. Após dois dias o nariz estará esquecido. Quem é que olha para o nariz da própria esposa?

Ouvi dizer que uma determinada ala do hospital era composta completamente por enfermeiras que pareciam finalistas de um concurso de Miss Mundo, e que toda vez que um dos pacientes as via, olhava com atenção e dizia:

– Lixo!

O homem na cama ao lado não conseguia entender nada.

– Enfermeiras lindas como estas para cuidar de você e tudo o que consegue dizer é "lixo". Por quê?

– Eu não estava pensando nas enfermeiras – disse o outro, tristemente. – Estava pensando na minha esposa.

A esposa nunca está bonita, o marido nunca está bonito. Depois que os cônjuges se tornam familiares, a beleza desaparece.

Duas pessoas devem ter a permissão de viverem juntas tempo suficiente para que se conheçam e se familiarizem uma com a outra. E mesmo que queiram se casar, não deve ser permitido. Com isso, os divórcios vão desaparecer do mundo. Os divórcios existem em função de os casamentos serem equivocados e forçados. Os divórcios existem porque os casamentos são realizados em um clima romântico.

Um clima romântico é bom para aquele que é um poeta, e os poetas não são conhecidos como bons maridos ou boas esposas. Na verdade, os poetas são quase sempre solteiros. Eles ficam por aí, mas nunca são pegos, e é por isso que o romance para eles permanece vivo. Continuam a escrever poesia, belas poesias.

Não se deve casar com uma mulher, ou um homem, em um clima poético. Deixe que a prosa venha, depois decida. Pois a vida do dia a dia é mais como prosa do que como poesia. Deve-se amadurecer bastante.

A maturidade significa que o indivíduo não é mais um tolo romântico. Já compreende a vida, compreende a responsabilidade da vida, entende os problemas de estar junto com uma pessoa. Aceita todas essas dificuldades e, no entanto, decide viver com a pessoa. Não espera que seja apenas o paraíso, um mar de rosas. Não está esperando um absurdo, pois sabe que a realidade é dura. É difícil. Há poucas rosas e muitos espinhos.

Quando o indivíduo estiver atento a todos esses problemas e, ainda assim, decidir que vale a pena arriscar e conviver com uma pessoa, em vez de ficar sozinho, então pode se casar. Desse modo, o casamento nunca vai matar o amor, pois esse amor é realista. O casamento pode matar somente o amor romântico. E o amor romântico é o que as pessoas chamam de "amor de cachorrinho". Não se deve depender do amor romântico. Não se deve pensar sobre isso como alimento. Pode ser como um sorvete apenas. Pode ser tomado às vezes, mas não se deve depender dele. A vida tem que ser mais realista, mais prosa.

E o casamento em si nunca destrói nada. O casamento simplesmente traz à tona tudo o que está escondido dentro da pessoa. Se o amor está escondido atrás da pessoa, dentro da pessoa, o casamento o traz para fora. Se o amor era apenas uma pretensão, apenas uma isca, então, mais cedo ou mais tarde, tem que desaparecer. Depois vem à tona a realidade, a parte desagradável da personalidade. O casamento é simplesmente uma oportunidade, de modo que o que quer que a pessoa tenha para trazer para fora, virá à tona.

Não estou dizendo que o amor é destruído pelo casamento. O amor é destruído pelas pessoas que não sabem amar. O amor é destruído porque, em primeiro lugar, não é amor. A pessoa tem vivido em um sonho. A realidade destrói esse sonho. Pelo contrário, o amor é algo eterno, parte da eternidade. Quando a pessoa cresce, quando conhece a arte e aceita as realidades da vida amorosa, então o amor cresce a cada dia. Dessa forma, o casamento se torna uma grande oportunidade para que o amor cresça.

Nada pode destruir o amor. Se estiver lá, o amor continua a crescer. Mas a minha sensação é de que o amor não está lá, em primeiro lugar. A pessoa não fez uma boa autointerpretação, existia algo mais lá. Talvez o sexo estivesse lá, a atração sexual estivesse lá. Então isso vai ser destruído, porque, depois de ter amado uma mulher, a atração sexual desaparece, uma vez que a atração sexual tem a ver somente com o desconhecido. Depois de ter provado o corpo da mulher, ou do homem, a atração sexual desaparece. Se o amor era somente atração sexual, então ele está sujeito a desaparecer.

Portanto, nunca interprete mal o amor por alguma outra coisa. Se o amor for um amor verdadeiro... O que quero dizer quando digo "amor verdadeiro"? Quero dizer que o simples fato de estar na presença do outro faz com que a pessoa se sinta feliz de repente; o simples fato de estar junto com o outro a deixa em êxtase, apenas a própria presença do outro preenche algo lá no fundo do coração... algo começa a cantar no coração, a pessoa se sente em harmonia. A própria presença do outro ajuda a pessoa a ficar junto. Consequentemente, a pessoa se torna mais individual, mais centrada, mais pé no chão. Então isso é amor.

Amor não é paixão, amor não é uma emoção. Amor é um profundo entendimento de que uma pessoa completa a outra de alguma forma. Um torna o outro um círculo completo. A presença de um engrandece a presença do outro. O amor dá liberdade a si mesmo, o amor não é possessivo.

Portanto, preste atenção: nunca se deve confundir sexo com amor, pois, do contrário, será enganado. Esteja alerta. Quando a pessoa começa a sentir que apenas a presença de alguém, nada mais, nada mais é necessário, não deve questionar nada, basta a presença, apenas o fato de o outro estar ali ser suficiente para fazê-la feliz... algo começa a florescer dentro dela, mil e uma flores de lótus desabrocham... daí, então, você está apaixonado e, portanto, pode passar por todas as dificuldades que a realidade apresenta. A pessoa vai ser capaz de passar por muitas angústias, muitas ansiedades, e o seu amor florescerá cada vez mais, porque todas essas situações vão se tornar desafios. E o seu amor, ao superar as dificuldades, vai se tornar cada vez mais forte.

O amor é a eternidade. Se estiver presente, então continua a crescer cada vez mais. O amor conhece o começo, mas não conhece o fim.[2]

"Tudo bem em casar e ter filhos?"

Apenas medite com alguns sutras de Murphy.

Primeiro: É bom estar casado às vezes.

Segundo: Um homem inteligente diz a uma mulher que a compreende, um homem estúpido tenta provar isso.

Terceiro: O casamento é um circo de três anéis: anel de noivado, anel de casamento e anel de sofrimento [em inglês foi feito um trocadilho: *"suffer-ring"*; *sufferring* significa sofrimento e *ring* significa anel].

Quarto: O casamento pode fazer com que o mundo gire, mas o mesmo acontece com um soco no nariz.

Quinto: Como salvar um casamento do divórcio: a única maneira é não estar presente na cerimônia.

Sexto: A mulher é o segundo erro de Deus, e o homem é o primeiro, obviamente, e dois erros juntos não podem dar certo.

E o último: A mulher tem direito à vida, à liberdade e à busca ao homem.

Portanto, tome cuidado! Se alguém quer se casar, quem sou eu para me opor? Posso apenas fazer com que as pessoas se tornem um pouco mais conscientes. Pense antes de pular![3]

---

[2] *The Discipline of Transcendence* [A disciplina da transcendência], Volume 1, Capítulo 2.

[3] *Zen: Zest, Zip, Zap and Zing*, Capítulo 5.

Amor

"**O** que é o amor?"

Depende. Há tantos amores quanto há pessoas. O amor apresenta uma hierarquia, desde o degrau mais baixo até o mais alto, do sexo à superconsciência. Há muitas camadas, muitos planos de amor. Tudo depende de cada um. Se uma pessoa está no degrau mais baixo, vai ter uma ideia de amor totalmente diferente da pessoa que está no degrau mais alto.

Adolf Hitler teria uma ideia de amor, enquanto Buda Gautama teria outra, e ambos seriam diametralmente opostos, porque estiveram em dois extremos diferentes.

No degrau mais baixo, o amor é uma espécie de política, a política do poder. Onde quer que o amor seja contaminado pela ideia da dominação, é política. Se as pessoas o chamam de política ou não, não é essa a questão, o que importa é que é política. Embora milhões de pessoas não saibam nada sobre o amor, conhecem essa política, ou seja, a política que existe entre maridos e mulheres, namorados e namoradas. É política, a coisa toda é política, um quer dominar o outro.

O ser humano gosta de dominação, e o amor não é nada mais do que política revestida de açúcar, uma pílula amarga revestida de açúcar. Fala-se sobre o amor, mas no fundo o desejo é explorar o outro. E não estou dizendo que as pessoas fazem isso de forma deliberada ou consciente, pois elas não estão tão conscientes ainda. Não se pode fazer isso deliberadamente, trata-se de um mecanismo inconsciente.

É devido a isso que tanta possessividade e tanto ciúme se tornam parte, uma parte intrínseca, do amor de uma pessoa por outra. É por isso que o amor cria mais sofrimento do que alegria. O amor é amargo em 99%, e resta somente 1%, que é o açúcar usado pela pessoa para revesti-lo. E, mais cedo ou mais tarde, esse açúcar desaparece.

Quando se está no início de um romance, naqueles dias de lua de mel, saboreia-se algo doce. Logo o açúcar desaparece, e as realidades começam a aparecer, com uma nudez gritante, e tudo se torna desagradável.

Milhões de pessoas decidiram não amar mais seres humanos. É melhor amar um cachorro, um gato, um papagaio, e até um carro, porque as pessoas podem dominá-los bem, e eles nunca tentam dominá-las. É simples, não é tão complexo como seria com seres humanos.

Em um coquetel, a anfitriã não podia deixar de ouvir a conversa de um cavalheiro cortês.

– Ah, eu a adoro. Eu a admiro – declarou o cavalheiro.

– Eu também adoraria, se ela fosse minha – concordou o amigo.

– O modo como anda e se abana... Seus belos grandes olhos castanhos, sua cabeça tão orgulhosa e ereta...

– Você tem muita sorte – comentou o amigo.

– E você sabe o que realmente me excita? O jeito dela de morder a minha orelha.

– Senhor – a anfitriã interrompeu –, não pude deixar de ouvir aquelas palavras afetuosas. Nesses dias, com tantos divórcios, admiro um homem que ama sua esposa tão apaixonadamente.

– Minha esposa? – disse o cavalheiro, surpreso. – Não. É a minha égua campeã de corrida!

As pessoas estão se apaixonando por cavalos, cachorros, animais, máquinas, coisas. Por quê? Porque estar apaixonado por seres humanos tem se tornado um inferno absoluto, um conflito contínuo, um incômodo, sempre na garganta um do outro.

Essa é a forma mais baixa de amor. Não há nada de errado com ela, desde que se possa usá-la como um trampolim, desde que se possa usá-la como uma meditação. Se puder observá-la, se tentar compreendê-la, com o próprio entendimento será possível chegar a outro degrau, para daí então poder começar a subir.

Somente no pico mais alto, quando o amor não é mais um relacionamento, quando o amor se torna um estado do ser, é que a flor de lótus se abre totalmente e um ótimo perfume é liberado. Mas isso acontece apenas no pico mais alto. No seu nível mais baixo, o amor é apenas uma relação política. Em seu nível mais alto, o amor é um estado religioso de consciência.

Eu também te amo, Buda ama, Jesus ama, mas esse amor não exige nada em troca. Esse amor é dado pelo puro deleite de o estar dando, não se trata de uma barganha. Daí a beleza radiante do amor, daí a beleza transcendental do amor. Supera todos os prazeres que alguém já conheceu.

Quando falo de amor, estou falando de amor como um estado. Não tem uma direção específica: um indivíduo não ama esta ou aquela pessoa, ele simplesmente ama. Ele é o amor. Em vez de dizer que ama alguém, é melhor que diga que ele próprio é o amor. Assim, qualquer um que seja capaz de compartilhar de seu amor, pode compartilhar. Quem quer que seja capaz de beber de suas fontes infinitas do ser está disponível, e está disponível incondicionalmente.

Isso é possível somente se o amor se torna cada vez mais meditativo.

"Medicina" e "meditação" vêm da mesma raiz. O amor, como já se sabe, é uma espécie de doença: precisa da medicina da meditação. Se o amor passa pela meditação, é purificado. E quanto mais purificado, maior o êxtase.

Nancy estava tomando café com Helen. Nancy perguntou:

– Como você sabe que o seu marido a ama?

– Ele tira o lixo toda manhã.

– Isso não é amor. Isso é um bom serviço de limpeza.

– Meu marido me dá todo o dinheiro que preciso para as minhas despesas.

– Isso não é amor. É generosidade.

– Meu marido nunca olha para outras mulheres.

– Isso não é amor. É problema de visão.

– John sempre abre a porta para mim.

– Isso não é amor. São boas maneiras.

– John me beija mesmo depois de eu ter comido alho e quando estou com bóbis no cabelo.

– Agora sim, isso é amor!

Todo mundo tem sua própria ideia de amor. E apenas quando se chega ao estado em que todas as ideias sobre amor desaparecem, em que o amor não é mais uma ideia, mas simplesmente o próprio ser, é que a própria pessoa vai conhecer a liberdade do amor. Daí, então, o amor é Deus. Daí, então, o amor é a verdade suprema.

Deixe que o amor passe pelo processo de meditação. Observe-o: observe os caminhos ardilosos da própria mente, observe a própria política de poder. E apenas atenção e observação contínuas irão ajudar. Quando alguém diz algo para seu homem, ou para sua mulher, deve considerar o seguinte: qual é o motivo inconsciente? Por que você está dizendo isso? Existe algum motivo? Então, qual é? É preciso estar ciente desse motivo, e trazê-lo para a consciência, pois esta é uma das chaves secretas para transformar sua vida: qualquer coisa que se torna consciente, desaparece.

Os motivos das pessoas permanecem inconscientes, e é por isso que elas continuam em suas garras. É preciso torná-los conscientes, trazê-los à tona, para que desapareçam. É como se alguém levantasse uma árvore e trouxesse as raízes à luz do sol: as raízes vão morrer, pois elas só podem existir na escuridão do solo. Os motivos das pessoas também existem somente na escuridão de sua inconsciência. Assim, o único meio de os indivíduos transformarem seu amor é trazer todas as motivações do inconsciente para o consciente. Pouco a pouco, esses motivos morrerão.

E quando o amor não tem motivo, então, o amor é a melhor coisa que pode acontecer a qualquer um. Então o amor é algo do supremo, algo do além.

Esse é o significado quando Jesus diz: "Deus é amor." Digo às pessoas: o amor é Deus. Deus pode ser esquecido, mas não se esqueçam do amor, pois é a purificação do amor que vai levar as pessoas até Deus. Se elas se esquecem de Deus completamente, nada está perdido. Mas não se esqueçam do amor, porque o amor é a ponte. O amor é o processo de mudança alquímica em sua consciência.[1]

"Podemos amar verdadeiramente o outro enquanto temos um ego?"

O amor precisa de grande coragem pela simples razão de que o requisito básico do amor é descartar o ego. E o homem

---

[1] *Unio Mystica* [União mística], Volume 2, Capítulo 4.

tem muito medo de descartar o ego. Parece quase como cometer suicídio. E assim parece apenas porque o ser humano não conhece nada além do ego.

O ego tornou-se a única identidade do homem, e abandoná-lo certamente significa que ele está descartando sua individualidade. Mas não é verdade. De fato, o oposto é que é a verdade: se ele não abandonar o ego, não poderá conhecer sua real individualidade. O ego é um fingidor, é caracterizado como algo falso, pseudo, inventado. Só no momento em que é descartado é que se pode ver o real. Caso contrário, o irreal esconde o real. O irreal esconde o real como as nuvens escondem o sol.

O amor requer o abandono do ego. É por isso que o amor pode tornar-se a porta para o divino. Uma pessoa pode começar a gostar de outra pessoa, mas vai acabar amando o impessoal. A pessoa passa a ser como uma janela que se abre para o céu infinito. Porém, é preciso que fique absolutamente claro para a pessoa que o ego terá que ser sacrificado.

As pessoas anseiam por amor e, ao mesmo tempo, se apegam ao próprio ego. Por isso o amor nunca se torna uma realidade. Elas vêm e vão sem provar o néctar do amor. E se não vivenciarem o amor, não terão experimentado a vida. Terão perdido o objetivo.[2]

"Durante toda a minha vida sempre achei que tivesse amado alguém. Agora, estando aqui pela primeira vez com você, eu me pergunto: será que eu alguma vez realmente estive apaixonado? Será que ao menos sou capaz de amar? Será que sou capaz de te amar?"

A ilusão básica que o ser humano carrega dentro de si é que sempre amou alguém.

---

[2] *The Sound of One Hand Clapping* [O som de uma mão batendo palmas].

Esta é uma das coisas mais importantes sobre todos os seres humanos: o amor deles é sempre por alguém, é dirigido e tem endereço certo. E no momento em que o homem dirige a alguém o amor, ele o destrói. É como se estivesse dizendo: "Vou respirar só por você. E quando você não estiver aqui, como vou respirar?"

O amor deve ser como a respiração. Deve ser uma qualidade do ser humano, onde quer que esteja, com quem quer que esteja, ou, mesmo se estiver sozinho, o amor deve transbordar dele. Não é uma questão de estar apaixonado por alguém. É uma questão de ser amor.

As pessoas ficam frustradas com as suas experiências de amor, não porque algo esteja errado com este. Elas estreitam o amor a tal ponto que o oceano de amor não pode permanecer lá. Não se pode conter o oceano, não se trata de um pequeno riacho. O amor é o ser do homem como um todo, o amor é a sua divindade.

Deve-se pensar em termos de se estar apaixonado ou não. A questão do objeto do amor não é o que importa. No que diz respeito à esposa, o homem ama a esposa; aos filhos, ele ama os filhos; aos empregados, ele ama os empregados; aos amigos, ele ama os amigos; às árvores, ele ama as árvores; ao oceano, ele ama o oceano.

O próprio ser humano é o amor.

O amor não é dependente do objeto, mas é uma radiação da subjetividade do indivíduo, uma radiação de sua alma. E quanto mais vasta a radiação, maior a sua alma. Quanto mais larga a extensão das asas do seu amor, maior o céu do seu ser.

Essa pessoa que fez esta pergunta tem vivido sob uma ilusão comum a todos os seres humanos. Ora, a pergunta diz o seguinte: *Será que sou capaz de te amar?* Mais uma vez, o mesmo engano. Basta perguntar: "Será que sou capaz de me tornar o amor?"

Quando as pessoas estão na minha presença, não precisam pensar em me amar, pois, ao contrário, significa que não saíram de suas ilusões comuns. Aqui a pessoa tem que aprender somente a ser amorosa. É claro, o amor de uma pessoa vai me atingir também, e vai atingir aos outros da mesma forma. Ocorrerá uma vibração ao redor de cada um, e esta vai se espalhar por toda parte. E se muitas pessoas estiverem simplesmente transmitindo o seu amor, a sua música, o seu êxtase, então o lugar inteiro se transformará em um templo. Não há nenhuma outra forma de se erguer um templo. Assim, a área inteira fica repleta de uma nova espécie de energia, e ninguém vai ficar perdido, porque o amor de muitas pessoas vai ser derramado em cada um: em cada uma das pessoas vai ser derramado o amor de muitas pessoas.

É preciso abandonar essa ilusão. A vida não é nada além de uma oportunidade para o amor desabrochar. A oportunidade está presente enquanto se estiver vivo, até o último suspiro. Alguns podem até ter perdido a vida inteira e, no entanto, se no último suspiro, no último momento na Terra, puderem se tornar o amor, então não terão perdido nada, porque um único momento de amor é igual a toda a eternidade do amor.[3]

"Você disse outro dia que nascemos sozinhos, vivemos sozinhos e morremos sozinhos. No entanto, parece que, desde o dia em que nascemos, independentemente do que estamos fazendo ou de quem somos, procuramos nos relacionar com os outros. Além disso, geralmente temos atra-

---

[3] *Espírito rebelde*, Capítulo 5.

ção por uma pessoa em particular para se ter intimidade. Poderia comentar, por favor?"

Esse é o questionamento de todo ser humano. Todo mundo nasce sozinho, vive sozinho e morre sozinho. A solitude é da própria natureza do ser humano, mas ele não está ciente disso. O fato de não estar ciente disso faz com que permaneça estranho a si mesmo e, em vez de perceber sua solitude como uma tremenda beleza e êxtase, silêncio e paz, a liberdade com a existência, confunde solitude com solidão.

A solidão é uma solitude malcompreendida. Ao confundir a solitude com a solidão todo o contexto muda. A solitude tem uma beleza e uma grandiosidade, além de um positivismo, enquanto a solidão é pobre, negativa e sombria.

Todo mundo foge da solidão. É como uma ferida que dói. Para escapar dela a única maneira é estar no meio da multidão, fazer parte da sociedade, ter amigos, criar uma família, ter marido e esposa, ter filhos. Em meio a essa multidão, o esforço básico é ser capaz de esquecer a própria solidão.

Mas ninguém nunca conseguiu esquecê-la. Aquilo que é natural é possível tentar ignorar, porém, não se consegue esquecê-lo, uma vez que ele vai insistir repetidas vezes. E o problema se torna mais complexo porque as pessoas nunca viram a solidão tal como ela é, e simplesmente tomam como certo que o ser humano nasce sozinho.

O significado no dicionário é a mesma coisa, o que mostra a mente das pessoas que criam dicionários. Não entendem absolutamente a grande diferença entre solidão e solitude. Solidão é uma lacuna, e, como tal, algo está faltando, algo é necessário para preenchê-la, e nada pode preenchê-la, porque se trata de um mal-entendido, em primeiro lugar. À medida que a pessoa fica mais velha, a lacuna também cresce e fica maior.

As pessoas mais velhas têm tanto medo de ficar sozinhas que fazem qualquer tipo de coisa estúpida. Já vi pessoas jogarem cartas sozinhas, sem que a outra parte estivesse presente. Andaram inventando jogos em que a mesma pessoa joga cartas de ambos os lados.

De alguma forma, os indivíduos querem se manter ocupados. Essa ocupação pode ser com pessoas, pode ser com o trabalho... Existem os *workaholics* [viciados em trabalho], que temem quando o final de semana se aproxima. O que é que vão fazer? E se não fazem nada, ficam entregues a si mesmos, e esta é a experiência mais dolorosa.

É de causar surpresa saber que é nos finais de semana que acontece a maioria dos acidentes no mundo. As pessoas aceleram seus carros em direção a lugares com resorts, a praias, a estações nas montanhas, para-choque atrás de para-choque. Pode demorar oito, dez horas para chegar, e não há nada a ser feito, porque toda a multidão vai junto. No entanto, a própria casa, a vizinhança e a cidade onde moram estão mais tranquilas do que um resort na praia. Todo mundo chegou. Mas alguma ocupação...

Algumas pessoas estão jogando cartas, xadrez, enquanto outras estão assistindo televisão há horas. O norte-americano médio assiste televisão durante cinco horas por dia. Outras ainda estão ouvindo rádio... Apenas para evitar a si mesmas. A única razão para todas essas atividades é não ficarem sozinhas, pois é muito assustador. E essa ideia é transmitida de uma pessoa para outra. Quem foi que falou que ficar sozinho é assustador?

Aqueles que conheceram a solitude dizem algo completamente diferente. Dizem que não há nada mais bonito, mais tranquilo, mais alegre do que estar sozinho.

Entretanto, as pessoas dão ouvidos à multidão. Como as pessoas que vivem com base no equívoco são a maioria, quem é que se importa com um Zaratustra ou com um Buda Gautama? Esses indivíduos únicos podem estar errados, podem ser uma alucinação, podem enganar a si mesmos ou enganar aos outros, mas milhões de pessoas não podem estar erradas. E milhões de pessoas concordam que ser entregues a si mesmas é a pior experiência na vida, ou seja, é o inferno.

Mas qualquer relação criada por causa do medo, por causa do inferno interior de ser entregue à solidão, não pode ser satisfatória. Sua própria raiz é envenenada. O homem não ama sua esposa, simplesmente a usa para não ficar sozinho. Ela também não o ama, e como está na mesma paranoia, usa o marido para não se sentir solitária.

Naturalmente, em nome do amor, qualquer coisa pode acontecer, exceto o amor. Podem ocorrer brigas, argumentos, mas é preferível até mesmo isso a ficar sozinho: pelo menos alguém está presente, e a pessoa fica ocupada e pode esquecer sua solidão. Entretanto, não há a possibilidade de o amor existir, pois não há nenhum fundamento básico para o amor.

O amor nunca nasce do medo.

Repetindo parte da questão mencionada: *Você disse outro dia que nascemos sozinhos, vivemos sozinhos e morremos sozinhos. No entanto, parece que, desde o dia em que nascemos, independentemente do que estamos fazendo ou de quem somos, procuramos nos relacionar com os outros.*

Essa busca para se relacionar com os outros nada mais é do que escapismo. Até mesmo o bebê, por menor que seja, tenta achar algo para fazer e, se não encontra nada, chupa os dedos do pé. É uma atividade completamente fútil, nada pode resultar dela, mas é uma ocupação. Ele está fazendo alguma coisa. É possível ver nas estações, nos aeroportos, meninos e meninas pequenos carregando seus ursos de pelúcia, pois não conseguem dormir sem eles. A escuridão torna a sua solidão ainda mais perigosa. O urso de pelúcia é uma grande proteção, é alguém que está com eles. E o Deus deles não é nada mais do que um urso de pelúcia para os adultos.

O ser humano não consegue viver como ele é. Seus relacionamentos não são relacionamentos. Eles são desagradáveis. Uma pessoa está usando a outra, e sabe perfeitamente bem que a outra pessoa a está usando. E usar qualquer um é reduzi-lo a um objeto, a uma mercadoria. Essa pessoa não tem nenhum respeito pela outra.

Continuando a questão: *Além disso, geralmente temos atração por uma pessoa em particular para se ter intimidade.*

Isso tem uma razão psicológica. O indivíduo é criado por uma mãe e por um pai. Se for menino, começa a amar a mãe e a ter ciúme do pai, porque ele é um concorrente. Se for menina, começa a amar o pai e a odiar a mãe, porque ela é uma concorrente. Estes são, agora, fatos estabelecidos, e não hipóteses, e o resultado disso transforma toda a sua vida em um tormento. O menino carrega a imagem da mãe como modelo de uma mulher. Torna-se condicionado continuamente. Conhece apenas uma mulher bem de perto, de forma bem íntima. O rosto dela, o cabelo dela, o calor dela, tudo se torna um *imprint*. Esta é exatamente a palavra científica usada: torna-se um *imprint* na psicologia do indivíduo. E o mesmo acontece com a menina em relação ao pai.

Quando o indivíduo cresce, apaixona-se por alguma mulher, ou por algum homem, e pensa: "Talvez tenhamos sido feitos um para o outro." Ninguém é feito para ninguém. Mas por que é que o ser humano se sente atraído por uma determinada pessoa? É por causa de seu *imprint*. Ele deve parecer com o pai, de alguma forma, enquanto ela deve se parecer com a mãe, de alguma forma.

Claro que nenhuma outra mulher pode ser uma réplica exata da mãe e, de qualquer maneira, o homem não está à procura de uma mãe, e sim de uma esposa. Porém, o *imprint* dentro dele decide quem é a mulher certa para ele. No momento em que ele vê essa mulher, não há por que raciocinar. Sente atração imediatamente, e o seu *imprint* começa a funcionar instantaneamente: esta é a mulher para você, ou este é o homem para você.

É bom até o ponto em que se encontram de vez em quando na praia, no cinema, no jardim, pois não se conhecem totalmente. Mas os dois estão com vontade de viver juntos, querem se casar, e este é um dos passos mais perigosos que os amantes podem tomar.

No momento em que está casado, o homem começa a se conscientizar da totalidade da outra pessoa, e se surpreende em todos os aspectos: "Algo deu errado. Essa não é a mulher, esse não é o homem", pois eles não se encaixam no ideal que ele carrega dentro de si. E o problema é multiplicado, porque a mulher carrega um ideal do próprio pai, e o homem não se encaixa nele. O homem carrega o ideal da própria mãe, e a mulher não se encaixa nele. É por isso que todos os casamentos são um fracasso.

Raros são os casamentos que não fracassam, e espero que Deus poupe as pessoas daqueles casamentos que não são um fracasso, porque são doentios psicologicamente. Existem pessoas que são sádicas, que gostam de torturar os outros, e existem as que são masoquistas, que gostam de se torturar. Se marido e esposa pertencem a essas duas categorias, esse casamento será bem-sucedido. Um é masoquista, e o outro, sádico; um casamento perfeito, porque um gosta de ser torturado e o outro gosta de torturar.

Entretanto, normalmente é muito difícil a pessoa descobrir, primeiro, se é masoquista, ou sádica, para depois procurar sua outra polaridade... Se você for sábio o bastante, deverá ir a um psicólogo para perguntar quem você é, se masoquista ou sádico, e se ele pode lhe dar algumas referências para você poder se ajustar.

Às vezes, apenas por acaso, acontece de um sádico e um masoquista se casarem. Eles são as pessoas mais felizes do mundo, pois estão satisfazendo as necessidades um do outro. Mas que espécie de necessidade é essa? Ambos são psicopatas, e vivem uma vida de tortura. Porém, caso contrário, todo casamento vai fracassar, por uma razão simples: o problema é o *imprint*.

Mesmo no casamento, a razão básica pela qual o homem quis ter um relacionamento não é cumprida. Ele fica mais solitário quando está com a esposa do que quando está sozinho. Deixar o marido e a esposa em uma sala sozinhos é fazer com que eles fiquem totalmente infelizes.

Todo esse esforço, seja de relacionamentos, seja mantendo-se ocupado com mil e uma coisas, é apenas para escapar da ideia de que o indivíduo está solitário. E quero que fique enfaticamente claro para você que esse é o momento em que o praticante de meditação e o homem comum se separam.

O homem comum continua tentando esquecer a solidão, enquanto o praticante de meditação começa a ficar cada vez mais familiarizado com sua solitude. Em outros tempos, o praticante de meditação deixava o mundo, ia para as cavernas, para as montanhas, para a floresta, somente para ficar sozinho. Queria saber quem ele era. Em meio à multidão era difícil, pois havia muita agitação. E aqueles que conheceram a solitude, conheceram o maior êxtase possível aos seres humanos, porque o próprio ser estava feliz.

Depois de entrar em sintonia com sua solitude, o indivíduo pode se relacionar. E o relacionamento vai lhe trazer grandes alegrias, uma vez que não está pautado no medo. Ao encontrar sua solitude, o indivíduo pode criar e pode estar envolvido em quantas coisas quiser, porque esse envolvimento não vai mais fugir de si mesmo. Agora será a sua expressão, agora será a manifestação de tudo o que tem a ver com o seu potencial.

Somente tal homem, independentemente de morar sozinho ou viver em sociedade, de ser casado ou solteiro, está sempre em êxtase, em paz, em silêncio. Sua vida é uma dança, é uma música, um desabrochar de flores, é uma fragrância. E ele traz sua fragrância a tudo o que faz, seja o que for.

Mas a primeira coisa básica é conhecer a solitude absoluta.

As pessoas aprendem a fugir de si mesmas com a multidão. Como todo mundo foge de si, os outros passam a fugir também. Toda criança nasce em uma multidão e passa a imitar as pessoas; o que os outros fazem, ela passa a fazer também. Por consequência, ela acaba caindo nas mesmas situações infelizes em que se encontram os outros, e passa a achar que a vida é isso. E perde a vida por completo.

Portanto, quero lembrá-lo: não confunda solitude com solidão. A solidão é doentia, sem dúvida, ao passo que a solitude é a saúde perfeita.

Ginsberg visita o Dr. Goldberg.

– Ora, você está doente.

– Isso não basta. Quero outra opinião.

– Muito bem – disse o Dr. Goldberg –, você está feio também.

Vivemos cometendo os mesmos tipos de equívocos.

Gostaria que as pessoas soubessem que o primeiro e mais importante passo para encontrar o significado e o sentido da vida é entrar na solitude. Esse é o templo de cada um, onde seu Deus vive, e não se pode encontrar esse templo em nenhum outro lugar. Pode-se ir para a Lua, para Marte...

Uma vez dentro do núcleo mais íntimo do ser, a pessoa mal consegue acreditar que carrega tanta alegria, tanta bênção, tanto amor... E pensar que ela estava fugindo dos próprios tesouros.

Sabendo desses tesouros e de sua inesgotabilidade, a pessoa pode lidar com os relacionamentos, lidar com a criatividade. Vai ajudar os demais compartilhando o seu amor, e não mais usando-os. Vai dar dignidade às pessoas através do seu amor, em vez de desrespeitá-las. E vai, sem nenhum esforço, tornar-se uma fonte para que elas encontrem os próprios tesouros também. Através daquilo que fizer, do que quer que realize, a pessoa vai propagar sua calma, sua paz, sua bênção e o seu silêncio em tudo o que for possível.

Porém, essa sabedoria básica não é ensinada por nenhuma família, por nenhuma sociedade, por nenhuma universidade. As pessoas seguem vivendo no sofrimento, que é tido como normal. Se todo mundo é infeliz, é porque não tem nada de errado em ser infeliz, e ninguém pode ser exceção.

Mas eu digo: você pode ser exceção. Apenas não fez o esforço devido.[4]

"A máxima cristã é amar ao próximo como a si mesmo. Mas como posso amar os outros se não amo a mim mesmo?"

A primeira e mais importante medida é ser amoroso consigo mesmo. Não seja duro, seja suave. Preocupe-se consigo mesmo. Aprenda como perdoar a si mesmo, de novo, repetidas vezes, sete vezes, 77 vezes, 777 vezes.

---

[4] *O futuro dourado,* Capítulo 6.

É preciso aprender a perdoar-se. Não seja duro, não seja antagônico em relação a si mesmo. Daí, então, você vai desabrochar. E nesse desabrochar, vai atrair alguma outra flor. É natural. As pedras atraem pedras, as flores atraem flores. E, assim, passa a existir uma relação que tem graça, que tem beleza, que é uma bênção em si. E se puder encontrar um relacionamento assim, terá uma relação que vai crescer em oração, um amor que vai se tornar um êxtase e, através do amor, vai conhecer o que é Deus [5]

---

[5] *Êxtase: a linguagem esquecida*, Capítulo 2.

Relacionar-se

"Por que é tão difícil se relacionar?"

Porque as pessoas ainda não são. Há um vazio interior e o medo de que, ao se relacionarem com alguém, mais cedo ou mais tarde esse vazio seja exposto. Por isso, parece mais seguro manter uma distância das pessoas, pois, dessa forma, podem fingir que são.

O ser humano não é. Ainda não nasceu, é apenas uma potencialidade. Ainda não está preenchido, pois apenas duas pessoas preenchidas podem se relacionar. Relacionar-se é um dos maiores feitos da vida: relacionar-se significa amor, relacionar-se significa compartilhar. Mas, antes que se possa compartilhar, é preciso ter. E antes que possa amar, é preciso estar cheio de amor, a ponto de transbordar de amor.

Duas sementes não podem se relacionar, pois estão fechadas. Duas flores podem se relacionar: uma vez que estão abertas, podem trocar suas fragrâncias entre si, podem dançar no mesmo sol e mesmo vento, podem ter um diálogo, podem sussurrar. Mas isso não é possível para duas sementes. As sementes são totalmente fechadas, sem janelas. Como podem se relacionar?

E essa é a situação. O homem nasce como uma semente, e pode vir a se tornar uma flor, ou não. Tudo depende dele, ou seja, o que ele faz consigo mesmo; tudo depende dele, se ele cresce ou não. A escolha é dele, escolha que tem que ser encarada a cada momento, pois ele está constantemente na encruzilhada.

Milhões de pessoas decidem não crescer. Mantêm-se como sementes, permanecem como potencialidades, nunca se transformam em realidades. Não sabem o que é autorrealização, não sabem o que é autossatisfação, não sabem nada em relação a ser. Vivem totalmente vazias, morrem totalmente vazias. Como é que elas podem se relacionar?

Vão se expor através de sua nudez, sua feiura, seu vazio. Parece mais seguro manter certa distância. Até mesmo os amantes mantêm distância, eles se aproximam apenas até certo ponto, e ficam em alerta para o momento de voltar. Eles têm limites, nunca vão além deles, e se mantêm confinados a esses limites. Sim, há uma espécie de relacionamento, mas não do tipo relação de troca, e sim de posse.

O marido possui a esposa, a esposa possui o marido, os pais possuem os filhos e assim por diante. Mas possuir não é se relacionar. Na verdade, possuir é destruir todas as possibilidades de se relacionar.

Se a pessoa se relaciona, ela respeita, e não pode possuir. Se a pessoa se relaciona, há uma grande reverência. Se a pessoa se relaciona, chega muito perto, muito, muito perto, com grande intimidade, e se sobrepõe. Ainda assim a liberdade do outro não sofre interferência e permanece como um indivíduo independente. O relacionamento é aquele do "eu-você" e não aquele do "eu-objeto", sobrepondo, interpenetrando e, no entanto, num sentido independente.

Khalil Gibran diz: "Sejam como dois pilares que sustentam o mesmo teto, mas não comecem a possuir o outro, deixem o outro independente. Sustentem o mesmo teto. Esse teto é o amor."

Dois amantes sustentam algo invisível e algo imensamente valioso: um pouco de poesia sobre o ser e um pouco de música ouvida nos mais profundos recantos de sua existência. Ambos sustentam isso, sustentam alguma harmonia, mas, ainda assim, permanecem independentes. Podem se expor um para o outro, porque não há medo. Eles sabem que são. Conhecem a beleza interna um do outro, conhecem o perfume interior um do outro, e não há medo.

Porém, normalmente o medo existe, e isso acontece quando a pessoa não tem nenhum perfume. Ao se expor, vai simplesmente feder. Vai feder de ciúme, de ódio, de ira, de luxúria. Não vai ter o perfume do amor, da oração, da compaixão.

Milhões de pessoas decidiram permanecer sementes. Por quê? Se podem se tornar flores, se podem ter uma dança ao vento, ao sol e à lua, por que decidiram permanecer sementes? Há alguma coisa nessa decisão: a semente é mais segura do que a flor. A flor é frágil. A semente não é frágil e parece ser mais forte. A flor pode ser destruída com muita facilidade, basta um vento forte e as pétalas vão se espalhar. A semente não pode ser destruída tão facilmente pelo vento, pois está muito protegida e segura. A flor está exposta, é uma coisa delicada, e fica exposta a muitos perigos: pode vir um vento forte, pode chover a cântaros, o sol pode ficar muito quente, algum homem tolo pode colhê-la. Qualquer coisa pode acontecer à flor, tudo pode acontecer com a flor, a flor está constantemente em perigo. No entanto, a semente está segura, e é por isso que milhões de pessoas decidem permanecer sementes. Porém, permanecer uma semente é permanecer morto, permanecer uma semente é deixar de viver. É seguro, certamente, mas não tem vida. A morte é segura, a vida é insegura. Aquele que realmente quiser viver tem que viver em perigo, em constante perigo. Aquele que quiser chegar aos picos tem que correr o risco de se perder. Aquele que quiser escalar os picos tem que correr o risco de cair de algum lugar, de escorregar.

Quanto maior o desejo de crescer, maior o perigo a ser aceito. O verdadeiro homem aceita o perigo como seu próprio estilo de vida, como o próprio clima de crescimento.

Retomando a pergunta: *Por que é tão difícil se relacionar?* É difícil porque o ser humano ainda não é. Primeiro seja. Tudo mais será possível somente depois: primeiro seja.

Jesus diz isso à sua própria maneira: "Em primeiro lugar, buscai o reino de Deus, então tudo mais lhe será dado." Esta é apenas uma velha expressão para a mesma coisa que estou dizendo. Primeiro seja, então tudo mais será dado a você.

Mas ser é o requisito básico. Para aquele que é, a coragem vem como consequência. Para aquele que é, surge um grande desejo de aventura, um desejo de explorar e, quando está pronto para explorar, daí, então, pode se relacionar. Relacionar-se é explorar, explorar a consciência do outro, explorar o território do outro. No entanto, quando explora o território do outro, tem que permitir que o outro o explore também, e tem que acolhê-lo, pois não pode ser uma via de mão única. Entretanto, o indivíduo só pode permitir que o outro o explore quando tem alguma coisa, algum tesouro dentro de si. Pois, dessa forma, não há medo. Na verdade, o indivíduo convida o hóspede, abraça-o, convida-o para entrar. Quer que o outro entre, quer que o outro veja o que ele descobriu em si mesmo, quer compartilhar.

Primeiro deve ser, para depois poder se relacionar. E é bom lembrar que se relacionar é lindo. O relacionamento é um fenômeno totalmente diferente, o relacionamento é algo morto, fixo. Chegou-se a um ponto final. O homem casou com uma mulher e ponto final. Agora as coisas vão só declinar, atingiu-se o limite, nada mais vai crescer. O rio deixou de correr e se tornou um reservatório. O relacionamento já é algo, já está completo.

Relacionar-se é um processo. É preciso evitar os relacionamentos e ir cada vez mais fundo no ato de se relacionar.

Minha ênfase está nos verbos, não nos substantivos. É preciso evitar os substantivos o máximo possível. Sei que na linguagem não se pode evitá-los, mas, na vida, evite-os, porque vida é um verbo. A vida não é um substantivo, é realmente "viver", não "vida". Não é "amor", é "amar". Não é "relacionamento", é "relacionar-se". Não é uma "canção", é "cantar". Não é uma "dança", é "dançar".

Veja a diferença, e a saboreie. A dança é algo completo, foram dados os últimos retoques, e agora não há nada mais a ser feito. Algo completo é algo morto. A vida não conhece ponto final; vírgulas, tudo bem, mas nada de ponto final. Locais de descanso, tudo bem, mas sem destino.

Em vez de pensar em como se relacionar, cumpra o primeiro requisito: meditar, ser, e em seguida o relacionar-se vai surgir em seu próprio tempo. Aquele que se torna silencioso, que chega ao êxtase, aquele que começa a ter energias transbordantes, se torna uma flor, tem que se relacionar. Não é algo que tenha que aprender como fazer, o relacionar-se passa a acontecer. O homem passa a se relacionar com as pessoas, com os animais, com as árvores, até mesmo com as pedras.

Na verdade o homem se relaciona 24 horas por dia. Se está andando na terra, se relaciona com a terra... os pés tocam a terra, ele está se relacionando. Se está nadando no rio, está se relacionando com o rio; e se olha para as estrelas, está se relacionando com as estrelas.

Não se trata de um relacionamento com alguém em particular. O fato básico é: se a pessoa é, a sua vida como um todo se torna um relacionar-se. É uma canção constante, uma dança constante, é uma continuidade, um fluxo como o do rio.

É preciso meditar, encontrar o próprio centro primeiro. Antes de se relacionar com alguém, relacione-se consigo mesmo. Esse é o requisito básico a ser cumprido. Sem isso, nada é possível. Com isso, nada é impossível.[1]

"Poderia nos falar sobre os parceiros com quem vivemos: esposas, maridos e amantes? Quando se deve perseverar com um parceiro e quando se deve abandonar um relacionamento que é caso perdido, ou mesmo destrutivo?"

O relacionamento é um dos mistérios. E o fato de existir entre duas pessoas depende de ambas.

Sempre que duas pessoas se encontram, é criado um novo mundo. Basta o encontro delas para que um novo fenômeno passe a existir, fenômeno esse que não existia antes, que nunca tinha existido. E através desse novo fenômeno as duas pessoas são mudadas e transformadas.

Sem relacionamento a pessoa é uma coisa; com relacionamento, a pessoa se transforma em outra. Algo novo aconteceu. A mulher, quando se torna amante, não é mais a mesma. O homem, quando se torna amante, não é mais o mesmo. A criança nasce, mas todos se esquecem completamente de que, nesse momento, a mãe também nasce. Isso não existia antes. Existia a mulher, mas não a mãe. E a mãe, então, é algo absolutamente novo.

O relacionamento é criado pelo ser humano, mas, depois, o relacionamento, por sua vez, cria o ser humano. Duas pessoas

---

[1] *O livro da sabedoria*, Capítulo 27.

se encontram, o que significa que dois mundos se encontram. Não é algo simples, pelo contrário, é muito complexo, o mais complexo. Cada pessoa é um mundo em si, um mistério complexo com um longo passado e um futuro eterno.

No início, apenas as periferias se encontram. Mas se o relacionamento fica íntimo, mais próximo, mais profundo, então, aos poucos, os centros começam a se encontrar. Quando os centros se unem, isto é chamado de amor.

Quando as periferias se encontram, ambas as pessoas são conhecidas uma da outra. Um toca o outro a partir do lado externo, apenas a partir da fronteira, então, são conhecidos. Muitas vezes as pessoas começam a chamar seu conhecido de seu amor. Dessa forma, passam a viver uma ilusão. Conhecido não é parceiro no amor.

O amor é muito raro. Encontrar outra pessoa em seu centro é passar por uma revolução em si mesmo. Por isso, o indivíduo que quiser encontrar outra pessoa no centro dela vai ter que permitir que ela também alcance o centro dele. Vai ter que se tornar vulnerável, absolutamente vulnerável, aberto.

É arriscado. Permitir que o próprio centro seja alcançado por outro alguém é arriscado e perigoso, uma vez que nunca se sabe o que essa pessoa é capaz de fazer. E depois que todos os seus segredos são conhecidos, depois que tudo que costumava reservar para si se torna público, depois que o indivíduo fica completamente exposto, o que essa outra pessoa vai fazer é uma incógnita. O medo está lá. É por isso que as pessoas nunca devem se abrir.

Apenas conhecidos, e as pessoas acham que o amor aconteceu. As periferias se encontram, e acham que encontraram o amor. A pessoa não é sua periferia. Na verdade, a periferia é o limite onde a pessoa termina, apenas o cerco ao seu redor.

Não é ela! A periferia é o lugar onde termina a pessoa e começa o mundo.

Até mesmo maridos e esposas que tenham vivido juntos por muitos anos podem ser apenas conhecidos. Podem não conhecer um ao outro. E quanto mais se vive com alguém, mais se esquece completamente que os centros permanecem desconhecidos.

Assim, a primeira coisa a ser compreendida é: não se deve considerar um conhecido como parceiro no amor. Podem fazer amor, podem se relacionar sexualmente, mas o sexo é apenas periférico. A menos que os centros se unam, o sexo é somente uma junção de dois corpos. E uma junção de dois corpos não é encontro. O sexo também permanece como um ato de conhecidos, física e corporalmente, mas ainda assim um ato de conhecidos.

Só é possível permitir que alguém penetre em sua essência quando você não tem medo, quando não há temor.

Portanto, acredito que existam dois modos de se viver. Um é orientado pelo medo. Viver orientado pelo medo nunca pode levar ninguém a um relacionamento profundo. A pessoa permanece com medo, e não permite que o outro a penetre em sua essência. Até certo ponto, ela permite o outro, mas, depois, este chega até o muro, e tudo para.

A pessoa orientada para o amor é a pessoa religiosa. A pessoa orientada pelo amor é aquela que não tem medo do futuro, que não tem medo dos resultados e das consequências, que vive aqui e agora.

Não se preocupe com o resultado. Essa é a mente orientada pelo medo. Não pense sobre o que vai acontecer com isso. Basta estar aqui, e agir totalmente. Não calcule. O homem orientado pelo medo está sempre calculando, planejando, organizando e preservando. Sua vida inteira é perdida dessa maneira.

Ouvi falar sobre um velho monge zen. Ele estava em seu leito de morte. Seu último dia chegou, e ele declarou que naquela noite ele não seria mais. Então, seguidores, discípulos e amigos começaram a chegar. Muitas pessoas o amavam. Todas começaram a chegar. Chegava gente de longe e de vários lugares.

Um de seus antigos discípulos, quando soube que o mestre estava para morrer, correu até o mercado. Alguém disse:

– O mestre está morrendo em sua cabana. Por que é que você está indo ao mercado?

– Sei que meu mestre adora um tipo específico de bolo, então, estou indo comprá-lo – respondeu o antigo discípulo.

Foi difícil encontrar o bolo, porque estava fora de moda, mas à noite, de alguma forma, ele conseguiu. Chegou correndo com o bolo.

Todo mundo estava preocupado. Era como se o mestre estivesse esperando por alguém. Ele abria os olhos e olhava, e fechava os olhos de novo. E quando esse discípulo chegou, o monge disse:

– Muito bem, você chegou. Onde está o bolo?

O discípulo o apresentou, e ficou muito feliz de o mestre ter perguntado pelo bolo.

À beira da morte, o mestre pegou o bolo, mas a mão não tremia. Ele era muito idoso, mas a mão dele não tremia. Então alguém comentou:

– Você é tão idoso e está à beira da morte. O último suspiro está prestes a levá-lo, mas sua mão não treme.

– Nunca tremo, porque não existe nenhum medo. Meu corpo se tornou velho, mas ainda sou jovem, e vou permanecer jovem mesmo quando o corpo se for – disse o mestre.

Em seguida, deu uma mordida e começou a mastigar o bolo. E então alguém perguntou:

– Qual é a sua última mensagem, mestre? Vai nos deixar em breve. O que quer que seja lembrado?

O mestre sorriu e disse:

– Ah, este bolo está delicioso!

Esse é um homem que vive no aqui e agora: "Este bolo está delicioso!" Até mesmo a morte é irrelevante. O momento seguinte não tem significado. Neste momento, este bolo está delicioso. Se você puder estar neste momento, neste exato momento, no presente, na plenitude, então você só pode amar.

O amor é um florescimento raro. Acontece apenas de vez em quando. Milhões e milhões de pessoas vivem na falsa atitude de que sabem amar. Acreditam que amam, mas isso é uma crença apenas. O amor é um florescimento raro. Às vezes, ele acontece. É raro porque pode acontecer somente quando não existe o medo, nunca antes. Isso significa que o amor pode acontecer apenas a uma pessoa muito religiosa e profundamente espiritual. O sexo é possível para todos, ter conhecidos é possível para todos, mas o amor, não.

Quando não se tem medo, não há nada a esconder e, assim, a pessoa pode se abrir, pode remover todos os limites. E, depois, pode convidar o outro para penetrar em sua essência. E é bom lembrar que, se uma pessoa permite que o outro penetre em sua essência profundamente, o outro vai lhe permitir que penetre em sua essência também; porque, quando alguém permite que outra pessoa penetre em sua essência, cria-se uma confiança. Quando um não tem medo, o outro se torna destemido.

No amor, o medo está sempre presente. O marido tem medo da esposa, a esposa tem medo do marido. Os amantes estão sempre com medo. Então, não é amor. É apenas um arranjo de duas pessoas medrosas que dependem uma da outra, e que brigam, exploram, manipulam, dominam, são possessivas; mas não é amor.

Se você permitir que o amor aconteça, não haverá necessidade de orar, não haverá necessidade de meditar, não haverá necessidade de frequentar nenhuma igreja, nenhum templo. Aquele que puder amar, poderá esquecer completamente Deus, porque tudo terá acontecido a ele, através do amor: meditação, oração, Deus. Tudo terá acontecido. Isso é o que Jesus quer dizer quando diz: "Deus é amor."

Mas o amor é difícil. O medo tem que ser descartado. E o que é estranho é que a pessoa tem tanto medo e não tem nada a perder.

Kabir disse, em algum lugar: "Olho para dentro das pessoas. Elas têm tanto medo, mas não consigo entender por quê. Afinal, elas não têm nada a perder." Kabir diz: "São como uma pessoa que está nua, mas que nunca toma banho no rio porque tem medo. Afinal, onde iria secar suas roupas?" Esta é a situação em que as pessoas se encontram: nuas, sem roupas, mas sempre temerosas em relação às roupas.

O que as pessoas têm a perder? Nada. Esse corpo vai ser levado pela morte. Antes que seja levado pela morte, ofereça-o ao amor. Tudo o que elas têm, lhes será tirado. Antes que tudo seja levado, por que não compartilhar? Essa é a única maneira de possuir. Se puderem compartilhar e dar, serão mestres. Tudo vai ser tirado. Não há nada que se possa manter para sempre. A morte vai destruir tudo.

Assim, para aquele que me seguir devidamente, a luta é entre a morte e o amor. Se puder dar, não haverá morte. Antes que qualquer coisa possa ser tirada, a pessoa já a terá dado, terá feito disso uma doação. Não pode haver morte.

Para aquele que ama, não há morte. Para aquele que não ama, cada momento é uma morte, porque, a cada momento, algo está sendo arrancado dele. O corpo está desaparecendo, e aquele que não ama está perdendo a cada momento. E então haverá morte, e tudo será aniquilado.

Qual é o medo? Por que o ser humano tem tanto medo? Mesmo que saibam tudo sobre ele e que ele seja um livro aberto, por que temer? Como isso pode prejudicá-lo? Apenas falsas concepções, condicionamentos gerados pela sociedade, de que a pessoa tenha que se esconder, que tenha que se proteger, que tenha que estar constantemente em um clima de luta, de que todo o mundo é inimigo, de que o mundo todo está contra ela.

Ninguém está contra ninguém! Mesmo que uma pessoa sinta que outra está contra ela, esta outra também não está contra ela, uma vez que todo mundo está preocupado consigo mesmo, e não com as outras pessoas. Não há nada a temer. Isso tem que ser percebido antes que possa acontecer um relacionamento real. Não há nada a temer.

Deve-se meditar sobre isso. Depois, a pessoa precisa permitir que o outro entre nela. Basta convidar o outro para entrar nela. Não deve criar nenhuma barreira em lugar nenhum, a passagem deve ficar sempre aberta, sem bloqueios, sem portas em si, sem portas fechadas em si. Daí então o amor é possível.

Quando dois centros se unem, há amor. E o amor é um fenômeno alquímico, assim como quando o hidrogênio e o oxigênio se encontram e um novo elemento é criado: a água. Pode-se ter hidrogênio, pode-se ter o oxigênio, porém, se a pessoa está com sede, esses dois elementos vão ser inúteis. Pode-se ter quanto oxigênio se queira, quanto hidrogênio se queira, mas a sede não vai passar.

Quando dois centros se unem, cria-se algo novo. Esse algo novo é o amor. E é como a água, a sede de muitas, muitas vidas é satisfeita. De repente, as pessoas ficam satisfeitas. Este é o sinal visível do amor. Tornam-se satisfeitas, como se tivessem alcançado tudo. Não há nada para se alcançar agora. Atingiram o objetivo. Não há mais objetivo, o destino está cumprido. A semente se tornou uma flor, chegou ao seu florescimento total.

A satisfação profunda é o sinal visível do amor. Sempre que uma pessoa está apaixonada, fica profundamente satisfeita. O amor não pode ser visto, mas o contentamento, a satisfação profunda em torno dela... a cada respiração, a cada movimento, seu próprio ser, em tudo há satisfação.

As pessoas podem se surpreender quando digo que o amor faz com que não tenham desejo, mas o desejo vem do descontentamento. As pessoas desejam porque não têm. Desejam porque acham que se tiverem algo isso vai lhes dar satisfação. O desejo vem do descontentamento.

Quando há amor e dois centros se unem, se dissolvem e se fundem, e nasce uma nova qualidade alquímica, a satisfação está presente. É como se toda a existência tivesse parado, sem movimento. Assim, o momento presente é o único momento. E então as pessoas podem dizer: "Ah, este bolo é delicioso!" Até mesmo a morte não tem significado para o homem que está amando.

Portanto, digo às pessoas que o amor vai deixá-las sem desejos. É preciso ser destemido, abandonar os medos, estar aberto. Permitir que algum centro encontre o centro dentro de cada um. É possível renascer com isso, pois se trata de uma nova qualidade de ser que será criada. Essa qualidade de ser diz: "Isso é Deus." Deus não é um argumento, é uma satisfação, uma sensação de realização.

Todos podem ter observado que, sempre que estão descontentes, querem negar Deus. Sempre que estão insatisfeitos, o seu ser como um todo diz: "Deus não existe." O ateísmo não está fora da lógica, ele vem do descontentamento. É possível racionalizá-lo, isso é outra coisa. Não se pode dizer que se é ateísta por descontentamento. Pode-se dizer: "Deus não existe, e tenho provas." Mas não é essa a verdadeira questão.

Se a pessoa está satisfeita, de repente todo o seu ser diz: "Deus existe." Sente-se isso de repente! A existência como um todo se torna divina. Se o amor está presente, a pessoa terá realmente, pela primeira vez, a sensação de que a existência é divina e que tudo é uma bênção. No entanto, muito deve ser feito antes que isso aconteça. Muito deve ser destruído antes que isso possa acontecer. É preciso destruir tudo aquilo que cria barreiras dentro de si.

Faça do amor um *sadhana* [prática espiritual], uma disciplina interior. Não deixe que isso seja apenas algo frívolo. Não deixe que isso seja apenas uma ocupação da mente. Não deixe que isso seja apenas uma satisfação corpórea. Faça disso uma busca interior e tenha o outro como uma ajuda, como um amigo.

Aquele que ouviu falar algo sobre o Tantra vai saber que o Tantra diz: "Se você puder achar um parceiro, um amigo, uma mulher ou um homem, que esteja pronto para se deslocar com você para o centro interior, que esteja pronto para se deslocar com você para o pico mais alto de relacionamento, então esse relacionamento vai se tornar meditativo. Através desse relacionamento você vai chegar ao relacionamento supremo. O outro será apenas a porta.

Deixe-me explicar: se uma pessoa ama alguém, aos poucos a periferia desta desaparece, ou seja, a forma deste desaparece. A pessoa fica cada vez mais em contato com a parte que não tem forma, o interior. A forma torna-se, pouco a pouco, vaga e desaparece. E se for mais fundo, até mesmo esse indivíduo sem forma começa a desaparecer e a derreter. Com isso, o além se abre. Isso significa que esse indivíduo em particular foi apenas uma porta, uma abertura. E é através do seu amante que a pessoa encontra o divino.

O fato de não conseguir amar é que faz com que o ser humano tenha a necessidade de tantos rituais religiosos. Estes são substitutos, substitutos muito pobres...

No entanto, o primeiro vislumbre virá sempre através de um indivíduo. É difícil estar em contato com o universo como um todo. É tão grande, tão vasto, tão sem princípio, tão sem fim! Por onde começar? A partir de onde se mover em direção ao universo? O indivíduo é a porta. Apaixone-se.

E não faça disso uma luta. É preciso torná-lo um consentimento sincero ao outro, apenas um convite. A pessoa tem que permitir que o outro penetre a sua essência sem impor nenhuma condição. E, de repente, o outro desaparece, e é Deus quem está presente. Se o amante ou amado não puder se tornar divino, então nada neste mundo pode se tornar divino. E, com isso, todo o discurso religioso não passa de uma tolice.

Isso pode acontecer com uma criança. Isso pode acontecer com um animal, com um cachorro. Se o ser humano puder ter uma relação profunda com um cachorro, isso pode acontecer, ou seja, o cachorro se torna divino! Portanto, isso não é aplicável apenas ao homem ou à mulher. Essa é uma das fontes mais profundas do divino, e chega até pessoas naturalmente, mas pode acontecer a partir de qualquer fonte. A chave básica é que a pessoa deve permitir que o outro a penetre em seu núcleo mais profundo, até a essência do seu ser.

Entretanto, as pessoas continuam a se iludir. Acham que amam. E ao achar que amam não há nenhuma possibilidade de o amor acontecer, pois se isso é amor, consequentemente, tudo está fechado. É preciso fazer novos esforços. Deve-se tentar achar no outro o verdadeiro ser oculto. Não se deve aceitar nenhuma pessoa como dádiva. Cada indivíduo é um mistério, e ao se insistir em ir fundo nele, torna-se uma tarefa sem-fim.

Mas as pessoas ficam entediadas com o outro, por causa da periferia, sempre por causa da periferia.

Li uma história que contava que um homem muito doente havia tentado vários tipos de "curas", mas nada resolvia. Então foi a um hipnotizador que lhe deu um mantra para repetir continuamente:

– "Não estou doente." Por pelo menos 15 minutos de manhã e 15 minutos à noite diga: "Não estou doente, estou saudável." E o dia todo, sempre que lembrar, repita isso.

Em poucos dias o homem começou a se sentir melhor. E em uma semana estava absolutamente curado.

Disse então à esposa:

– Isso foi um milagre! Será que eu deveria ir a esse hipnotizador para alcançar outro milagre também? Ultimamente não tenho sentido apetite sexual, e a atividade sexual praticamente cessou. Não há desejo.

A esposa ficou feliz.

– Vai, sim – incentivou ela, porque estava se sentindo frustrada.

O homem voltou, então, ao hipnotizador. Ao voltar para casa, a esposa perguntou:

– Qual mantra, qual sugestão ele deu agora?

O homem não quis dizer a ela. No entanto, em algumas semanas, seu apetite sexual começou a retornar. Começou a sentir desejo novamente. Com isso, a esposa ficou muito confusa. Ela insistia continuamente na pergunta, mas o homem ria e não falava nada. Então, um dia, enquanto ele estava no banheiro, pela manhã, fazendo meditação, ela tentou ouvir o que ele dizia. E ele estava dizendo:

– Ela não é minha esposa. Ela não é minha esposa. Ela não é minha esposa.

As pessoas recebem o outro como algo que lhes foi concedido. Se alguém é sua esposa, ou seu marido, o relacionamento está acabado. Não há mais nenhuma aventura, e o outro se tornou um objeto, uma mercadoria. Agora o outro não é um mistério a ser pesquisado e também já não é mais algo novo.

É bom lembrar que tudo se desgasta com a idade. A periferia é sempre velha e o centro é sempre novo. A periferia não consegue se manter nova porque a cada momento fica velha e obsoleta. O centro é sempre fresco e jovem. Sua alma não é nem uma criança, nem um jovem, nem um idoso.

A alma é tão só eternamente fresca. Não tem idade. Com ela, qualquer um pode experimentar, ou seja, pode ser jovem ou pode ser idoso. Basta que a pessoa feche os olhos e descubra. Basta tentar sentir como é o seu centro, se velho, se jovem. E vai sentir que o centro não é nem um, nem outro. É sempre novo, nunca envelhece. Por quê? Porque o centro não pertence ao tempo.

No processo do tempo, tudo fica velho. O homem nasce, e o corpo já começou a ficar velho! Quando se diz que uma criança tem uma semana de idade, significa que uma semana de velhice penetrou na criança. A criança já atravessou sete dias em direção à morte, ou seja, completou sete dias morrendo. Está caminhando em direção à morte e, mais cedo ou mais tarde, estará morta.

Qualquer coisa que tenha a ver com o tempo, envelhece. No momento em que se entra no tempo, este já está ficando velho. O corpo fica velho, a periferia fica velha. O ser humano não pode estar eternamente apaixonado pelo corpo. No entanto, o centro está sempre fresco e é eternamente jovem. Uma vez que a pessoa esteja em contato com o centro, o amor é uma descoberta a cada momento. Dessa forma, a lua de mel nunca acaba. E, se acabar, é porque não foi uma lua de mel, foi apenas uma relação entre conhecidos.

E a última coisa a lembrar é a seguinte: na relação de amor, um sempre culpa o outro se algo dá errado. Se algo não acontece como deveria, o outro é o responsável. Isso vai destruir toda a possibilidade de crescimento futuro.

Lembre-se: a própria pessoa é sempre responsável, e é ela quem deve mudar a si mesma. Abandone as qualidades que criam problemas. Faça com que o amor seja uma autotransformação.

Como se costuma dizer nos cursos para vendedores: o cliente tem sempre razão. Eu gostaria de dizer às pessoas o seguinte: no mundo do relacionamento e do amor, você está sempre no erro e o outro está sempre certo.

É assim que os amantes sempre se sentem. Se há amor, eles sempre acham que "tem algo de errado comigo", se as coisas não acontecem como deveriam. E ambos sentem da mesma maneira! Consequentemente, as coisas crescem, os centros se abrem, as fronteiras se fundem.

Entretanto, quando um acha que o outro está errado, está se fechando para si mesmo e para o outro. E o outro também acha que o primeiro está errado. Pensamentos são contagiantes. Se um acha que o outro está errado, mesmo que não tenha dito isso, mesmo que esteja sorrindo e demonstrando que não acha que o outro está errado... o outro chegou a essa conclusão, através dos olhos, dos gestos, da expressão facial. Mesmo que seja um ator, um grande ator, e consiga simplesmente mascarar uma expressão no rosto, e os gestos, como quiser, o inconsciente vai enviar sinais de forma contínua, como quem diz: "Você está errado." Por outro lado, quando um diz que o outro está errado, o outro começa a sentir que o primeiro está errado.

O relacionamento é destruído sobre essa pedra e, depois, as pessoas se fecham. Ao se dizer que alguém está errado, essa pessoa começa a se proteger, a se preservar. Em seguida, ocorre o fechamento.

É importante lembrar sempre: no amor, você está sempre errado. Com isso, a possibilidade se abrirá, e o outro vai sentir o mesmo. Um cria o sentimento no outro. Quando os amantes estão próximos, os pensamentos imediatamente ficam pulando de um para o outro. Mesmo que não estejam falando nada, que estejam em silêncio, eles se comunicam.

A linguagem é para os não amantes, aqueles que não estão amando. Para os amantes, o silêncio é linguagem suficiente. Sem dizer nada, eles continuam a falar.

Ao tomar o amor como *sadhana*, a pessoa não deve dizer que o outro está errado. Deve tentar descobrir que, em algum lugar, algo deve estar errado consigo mesma, e abandonar essa injustiça.

Será difícil, porque isso vai contra o ego. Vai ser difícil, porque irá ferir o orgulho próprio. Vai ser difícil, porque não será uma forma de domínio, de possessão. Ninguém fica mais poderoso tendo a posse do outro. Isso vai destruir o ego, e é por isso que será difícil.

Mas a destruição do ego é a questão, o objetivo. Independentemente de onde a pessoa queira abordar o mundo interior – se a partir do amor, da meditação, da yoga ou da oração –, e qualquer que seja o caminho por ela escolhido, o objetivo é o mesmo: a destruição do ego, jogando-o fora.

Através do amor pode ser feito com muita facilidade. Além de ser muito natural! O amor é uma religião natural.[2]

---

[2] *Meu caminho: o caminho das nuvens brancas*, Capítulo 7.

"No meu relacionamento, muitas vezes me perco e começo a me sentir fechado dentro de mim. O que posso fazer?"

Esse é um dos problemas fundamentais do amor. Todo amante tem que aprender, ninguém sabe de nascença. É algo que só vem aos poucos, e através de muito sofrimento, e que, no entanto, quanto mais cedo vier, melhor. Cada pessoa precisa do seu próprio espaço, e ninguém deve interferir nesse espaço. A interferência é muito natural entre os amantes, porque eles passam a conceber o outro como algo adquirido. Começam a achar que não são mais indivíduos em separado. Eles não pensam mais em termos de "eu" e "você" e sim em termos de "nós". O casal é isso também, mas somente uma vez ou outra.

"Nós" é um fenômeno raro. Quando, por alguns momentos, os amantes chegam ao ponto em que a palavra é importante, em que eles podem dizer "nós", quando "eu" e "você" desaparecem dentro de cada um, onde as fronteiras se sobrepõem. Porém, esses são momentos raros, e não devem ser tidos como algo adquirido. Não se pode permanecer "nós" 24 horas por dia, embora seja o que todo amante exige, e o que cria sofrimento desnecessário.

Quando as pessoas se aproximam de vez em quando, tornam-se uma, mas esses são momentos raros, preciosos, para serem valorizados, e não se pode torná-los algo de 24 horas por dia. Se tentarem, vão destruir esses momentos e, depois, toda a beleza será perdida. Quando esse momento se foi, realmente se foi, e cada um dos dois é novamente "eu" e "você".

A pessoa tem o seu espaço, e seu amante tem o espaço dele. É preciso respeitar o espaço do outro, no sentido de que não se deve, de modo algum, interferir nem violar. A pessoa, ao violar o espaço, magoa o outro, e começa a destruir a individualidade do outro. Como o outro a ama, vai continuar a tolerar isso. Mas a tolerância é uma coisa, não é algo muito agradável. Se o outro apenas tolerar isso, sem tomar nenhuma outra atitude, mais cedo ou mais tarde vai se vingar. O outro não consegue perdoar aquele que continua violando seu espaço, e vai acumulando a mágoa, um dia, outro dia, mais outro dia... A pessoa interfere com mil e uma coisas do outro, que se acumulam e, depois, um dia, elas explodem.

É por isso que os amantes continuam a lutar. Essa luta é por causa dessa interferência constante. E quando uma pessoa interfere no ser do outro, o outro tenta interferir no ser da pessoa, e ninguém se sente bem com isso.

Por exemplo, um está se sentindo feliz, e o outro se sente abandonado porque não está se sentindo feliz. O outro vai se sentir como se tivesse sido enganado. "Por que ele está se sentindo feliz?" A ideia do outro é que ambos deveriam se sentir felizes. Isso acontece de vez em quando. Porém, às vezes, acontece de um estar feliz e o outro, não, e vice-versa. É preciso compreender que um tem todo o direito de ser feliz sem o outro... mesmo que isso doa. Um gostaria de participar da felicidade do outro, mas não está no clima. Se insistir, tudo o que pode fazer é acabar destruindo a felicidade do outro... e, dessa forma, ambos vão sair perdendo, pois, se um destrói a felicidade do outro, quando o primeiro estiver feliz sozinho, o outro vai destruir sua felicidade. Aos poucos, em vez de se tornarem amigos, vão se tornar inimigos...

O requisito básico é que o outro deve ter liberdade absoluta para ser ele mesmo.

Se um está feliz, o outro deve se sentir bem; afinal, seu parceiro está feliz. Se um pode estar feliz e participar da felicidade do outro, muito bom. Se não pode, deixe o outro em paz. Se um está triste, e o outro pode participar de sua tristeza, muito bom. Se não pode participar e, pelo contrário, quer cantar uma música e está se sentindo feliz, deve deixar o primeiro em paz. Um não deve arrastar o outro de acordo com seus sentimentos, deve, sim, é deixá-lo entregue a si mesmo. Com isso, aos poucos, surge um grande respeito de um pelo outro. Esse respeito torna-se a base do tempo do amor.[3]

---

[3] *Don't Look Before You Leap* [Não olhe antes de pular], Capítulo 22.

Maternidade

"Poderia falar sobre a responsabilidade de ser mãe, para uma mulher?"

Tornar-se mãe é uma das maiores responsabilidades do mundo. São tantas as pessoas que estão nos divãs dos psiquiatras, e tantas as pessoas loucas que estão em manicômios, além de tantas outras loucas que estão fora de manicômios. Analisando-se profundamente a neurose da humanidade, a figura da mãe sempre será encontrada, porque muitas mulheres querem ser mães sem saber como. Depois que a relação entre mãe e filho dá errado, a vida toda do filho dá errado, uma vez que este é o primeiro contato dele com o mundo, seu primeiro relacionamento. Tudo mais será uma continuidade dele. Se o primeiro passo der errado, a vida toda dará errado...

A mulher deve se tornar mãe de forma consciente. Ela está assumindo umas das maiores responsabilidades que um ser humano pode ter.

Os homens são um pouco mais livres, porque não podem assumir a responsabilidade de se tornarem mães. As mulheres têm mais responsabilidade. Portanto, que sejam mães, mas não tenham como certo o fato de que ser mulher signifique necessariamente ser mãe. Isso não passa de uma falácia.

A maternidade é uma grande arte, e é preciso aprendê-la. Portanto, procure aprender sobre isso! Gostaria de lhes dizer algumas coisas:

Primeiro, a mãe nunca deve tratar o filho como seu, nunca deve ter sentimento de possessão em relação à criança. O filho vem por intermédio da mãe, mas não pertence à mãe. Deus apenas a usa como um veículo, um meio, mas o filho não é de sua posse. Pode amá-lo, mas nunca ser possessiva em relação à criança. Se a mãe começa a ser possessiva com o filho, a vida deste será destruída. A criança passa a ser um prisioneiro. A mãe está destruindo a personalidade do filho e reduzindo-o a um objeto. Somente objetos podem ser possuídos: uma casa pode ser possuída, um carro pode ser possuído, mas nunca uma pessoa. Portanto, esta é a primeira lição, esteja pronta para isso. Antes que a criança venha, a mãe deve ser capaz de saudá-la como um ser independente, como uma pessoa em seu próprio direito, e não apenas seu filho.

A segunda lição: a mãe deve tratar a criança como trataria uma pessoa adulta. Nunca se trata uma criança como uma criança. A criança deve ser tratada com profundo respeito. Deus escolhe a mãe para ser uma anfitriã, e a criança entra em seu ser como um convidado. A criança é muito frágil, indefesa. É muito difícil respeitá-la, e muito fácil humilhá-la. A humilhação ocorre muito facilmente, porque a criança é indefesa e não pode fazer nada, não pode revidar, não pode reagir.

Deve-se tratar a criança como um adulto, e com grande respeito. Além de respeitar a criança, a mãe não deve tentar lhe impor suas ideias. Não tem que tentar impor nada à criança. Deve simplesmente lhe dar liberdade para explorar o mundo. Dessa forma, a mãe ajuda o filho a se tornar cada vez mais eficaz na exploração do mundo, mas sem lhe dar direções. A mãe nunca deve lhe dar as direções. Pode lhe dar energia, proteção, segurança, tudo o que precisa, mas também precisa ajudá-lo a ficar mais longe dela para explorar o mundo.

Entretanto, é claro que na liberdade o errado também está incluído. É muito difícil para a mãe entender que, quando se dá liberdade a uma criança, não é liberdade somente para fazer coisas certas. Também é necessária a liberdade para fazer coisas erradas. Portanto, é preciso fazer com que a criança seja atenta, inteligente, mas nunca lhe dê nenhum mandamento; primeiro, porque ninguém os guarda e, segundo, porque as pessoas se tornam hipócritas. Portanto, se a mãe realmente ama o filho, é preciso lembrar uma única coisa: nunca, nunca ajude-o, de forma alguma, nunca force-o, de modo algum, a se tornar um hipócrita.

A terceira lição: não dê ouvidos à moralidade, não dê ouvidos à religião, não dê ouvidos à cultura. Ouça a natureza. Tudo o que é natural, é bom, mesmo que seja muito difícil, muito desconfortável, algumas vezes, visto que as mães atuais da geração jovem não foram educadas de acordo com a natureza. Seus pais não as educaram com a verdadeira arte, o amor. Foi apenas um acontecimento acidental. As novas mães não devem repetir os mesmos erros. Muitas vezes vão se sentir muito desconfortáveis...

Por exemplo, uma criança pequena começa a brincar com seus órgãos genitais. A tendência natural da mãe é impedir que a criança faça isso, porque ela própria foi ensinada que isso é errado. Mesmo que ela ache que não há nada de errado, se outra pessoa estiver presente, ela há de se sentir envergonhada. Sinta-se envergonhada! Esse problema é da mãe, não tem nada a ver com a criança. Sinta-se envergonhada. Nem que tenha que perder a respeitabilidade da sociedade, perca-a, mas nunca interfira com a criança. É preciso deixar a natureza seguir o próprio curso. A mãe está presente para facilitar tudo o que a natureza está revelando. Não tem que controlar a natureza. A mãe tem apenas que estar presente para ajudar.

Assim, depois dessas três lições... comece a meditar. Antes que o filho nasça, a mãe deve buscar mergulhar o mais profundamente possível na meditação.

Quando a criança está no útero, tudo o que a mãe faz continuamente passa para a criança como uma vibração, como, por exemplo, se está irritada, se o estômago está tenso de nervoso. A criança sente isso de imediato. Quando a mãe está triste, seu estômago tem uma atmosfera de tristeza. A criança imediatamente se sente aborrecida, deprimida.

A criança depende totalmente da mãe. O estado de espírito da mãe, qualquer que seja, é o estado de espírito do filho. O filho não tem independência nesse momento. O clima da mãe é o clima do filho. Portanto, pare de brigar, pare de ficar irritada. É por isso que digo que ser mãe é uma grande responsabilidade. A mulher vai ter que se sacrificar bastante.

Durante sete meses a mulher tem que ficar muito, mas muito atenta. A criança é mais importante do que qualquer outra coisa. Se alguém insultá-la, deve aceitar, sem ficar irritada. Diga a si mesma: "Estou grávida, a criança é mais importante do que ficar com raiva. Esse episódio vai passar e, depois de alguns dias, não vou me lembrar nem quem me insultou, nem como reagi. Porém, o meu filho vai estar por pelo menos setenta, oitenta anos neste mundo. Trata-se de um grande projeto." Se quiser, você pode até anotar isso na agenda. Depois que a criança nascer, a mãe pode até ficar irritada, mas não nesse momento. Basta dizer para si: "Sou uma mãe grávida. Não posso ficar irritada, isso não é permitido." Isso é o que eu chamo de compreensão sensível.

Chega de tristeza, chega de irritação, chega de ódio, chega de brigas com o parceiro. Ambos têm que zelar pela criança. Quando há uma criança presente, os pais são secundários, pois a criança tem toda preferência. Como uma nova vida vai nascer... e vai ser fruto da mãe.

Se desde o princípio, a raiva, o ódio, o conflito entrarem na mente da criança, a mãe vai causar um inferno para o filho. Consequentemente, ele vai sofrer. Assim, é melhor não trazer uma criança ao mundo. Para que trazer uma criança para o sofrimento? O mundo está em grande sofrimento.

Em primeiro lugar, trazer uma criança para este mundo é um negócio bastante arriscado. Porém, mesmo que a mulher queira, pelo menos deve trazer uma criança que vá ser totalmente diferente neste mundo, ou seja, que não vá ser infeliz, que vá pelo menos ajudar o mundo a ter mais comemorações. A criança há de trazer um pouco mais de festividade para o mundo... um pouco mais de riso, de amor, de vida.

Portanto, durante esses dias, comemore. Dance, cante, ouça música, medite, ame. Seja bastante suave. Não faça nada de forma agitada, e com pressa. Não faça nada de modo tenso. Apenas vá devagar. Desacelere completamente. Um grande convidado está para chegar, e a mãe tem que recebê-lo.[1]

"Qual é a melhor maneira de cumprir o meu dever como mãe?"

Não pense nisso como um dever. Existe uma tendência de se pensar nisso como um dever, mais cedo ou mais tarde, e no dia em que isso acontecer, algo morre, algo de grande valor desaparece. A relação é quebrada. Pense nisso como uma ce-

---

[1] *God Is Not For Sale* [Deus não está à venda], Capítulo 6.

lebração. O filho é uma dádiva de Deus. Tenha respeito. Se não houver respeito, o amor se torna possessivo. No entanto, se houver respeito, como é que a mãe poderá ser possessiva?

Não se pode ser possessivo em relação à pessoa a quem se respeita. A própria ideia é desagradável, desrespeitosa. Possuir uma pessoa significa reduzir a pessoa a um objeto. Portanto, uma vez que a criança esteja sob a possessão de sua mãe, esta tem um ônus. Trata-se de um dever a ser cumprido, e depois as mães falam a vida inteira sobre o quanto elas fizeram pelos filhos.

A verdadeira mãe nunca vai dizer uma única palavra sobre tudo o que fez pelos filhos. Não apenas não vai falar que fez como nunca sente que tenha feito. Ela gosta, e se sente grata ao filho. Não apenas pelo nascimento do filho, mas também porque, simultaneamente, ela nasce de uma nova maneira, nasce como mãe. Um aspecto é o nascimento da criança, outro aspecto é o nascimento da maternidade. O filho transforma muito a mulher. Ele dá algo a ela. A mulher não é mais a mesma pessoa. Há uma grande diferença entre a mulher e a mãe.

Portanto, basta ser amorosa, ter respeito, e ajudá-lo a crescer de uma forma tal que não lhe cause bloqueios. A partir desse exato momento, desde o princípio, é preciso estar atenta em relação a isso. E lembre-se de não repetir o mesmo padrão que aprendeu com a própria mãe. Isso é muito natural, porque é o que você sabe sobre como deve ser uma mãe, e existe uma tendência de repetir o comportamento da própria mãe com o filho, comportamento que tende a dar errado. Seja totalmente inovadora. Esqueça tudo o que aprendeu de sua mãe, não siga seus passos. Seja totalmente inovadora, responda de maneira nova. Ouça as necessidades do seu filho e responda a partir de algumas visões absolutamente certas.

Uma das visões é a seguinte: dê amor, mas nunca dê uma estrutura. Dê amor, mas nunca dê um caráter. Dê amor, mas a liberdade tem que se manter intacta. O amor não deve ser uma interferência na liberdade do filho. Ninguém pensa na liberdade de uma criança pequena, mas quando é que a mãe vai pensar nisso? Amanhã ele ainda será pequeno, depois de amanhã...? Na verdade, a mãe nunca pensa em seu filho como uma pessoa adulta que tem a capacidade de ser livre. Nunca! Isso acontece porque a distância entre a mãe e o filho vai ser sempre a mesma. Se é uma distância de vinte anos, vai permanecer uma distância de vinte anos. Portanto, a partir desse exato momento, desde o princípio, é preciso que a mãe tenha respeito e dê liberdade ao filho.

E se por vezes a criança chorar, não há necessidade de ficar muito preocupada com isso. Deixe-a chorar um pouco por conta própria. Não há necessidade de sempre correr em seu auxílio e sempre estar aos seus pés para servi-la. Isso parece amor, mas, na verdade, a mãe está interferindo com a liberdade do filho. Pode ser que a criança não precise de leite e, às vezes, ela simplesmente chora. A criança gosta de chorar, pura e simplesmente, pois é sua única forma de se expressar. Como não faz uso da linguagem falada, sua linguagem é uivar, chorar. Deixe-a chorar, não há nada de errado nisso.

A criança está tentando se relacionar com o mundo. Não tente consolá-la, não lhe dê logo o peito. Se ela não está com fome, dar-lhe o peito é como uma droga.

As mães usam seus peitos como uma droga. A criança começa a mamar e, em seguida, se esquece de chorar e adormece. É confortável, mas a mãe começou a violação. Se ela não quer mamar o leite, se não está ansiosa, deixe-a em paz. Dessa forma, ela nunca vai precisar de terapia primal [ou resgate da criança interior]. As pessoas que estão gritando na terapia primal são aquelas que sofreram interferência em sua infância e nunca tiveram permissão para gritar.

Permita-lhe tudo e deixe-a sentir que ela é ela mesma. Cada vez mais, deixe que a criança sinta que ela é ela mesma, e corra cada vez menos em seu auxílio. Esteja pronta para ajudar, proporcione sua nutrição, mas deixe-a crescer por conta própria. Mesmo que algumas vezes a mãe sinta que a criança está errada, quem é ela para julgar? Se a criança está errada, do ponto de vista da mãe, trata-se apenas do ponto de vista da mãe. Essa é a opinião da mãe. A criança pode não estar errada.

A criança não está aqui neste mundo para seguir a opinião da mãe. É muito fácil a mãe impor suas opiniões à criança, porque ela é indefesa. Sua sobrevivência depende da mãe e, portanto, ela tem que ouvir a mãe. Se a mãe diz "Não faça isso", mesmo que a criança queira fazê-lo e se sinta bem ao fazê-lo, terá que parar, porque é arriscado ir contra a mãe.

A verdadeira mãe vai lhe permitir tanta liberdade que, mesmo que a criança queira ir contra sua opinião, vai ter permissão. Apenas faça com que fique claro para a criança: "Essa é a minha opinião de que isso não está certo, mas você é livre para fazê-lo." Deixe que ela aprenda através da própria experiência. É assim que as pessoas se tornam maduras; caso contrário, permanecem infantis. Elas crescem em idade, mas não crescem em consciência. Assim, sua idade física pode ser de 50 anos e sua mente ser de talvez apenas dez, 11, 12, algo entre elas. Treze é a idade média da mente das pessoas. Isso significa que elas param nessa época, que é a média. Nessa média estão incluídos Albert Einstein, Budas e Cristos. Ao pensar em pessoas reais, a idade mental é muito baixa, chegando a cerca de 7 ou 8 anos, sendo que algo em torno de 7 é quando a criança para. Com isso, a criança nunca cresce, simplesmente segue.

A mãe deve dar seu amor, compartilhar sua experiência, mas nunca impor nada ao filho. Dessa forma, ele vai se transformar em uma bela pessoa.[2]

"Quando dei à luz meu primeiro filho, senti que eu também tinha nascido, de alguma maneira. Pode falar sobre o nascimento da mãe?"

Sempre que uma criança nasce, não é apenas a criança que nasce. A criança é parte do nascimento, pois a mãe também nasce. Antes disso, ela era uma mulher comum, com o nascimento, torna-se mãe. De um lado, nasce a criança, e, do outro, nasce a mãe. E a mãe é totalmente diferente da mulher. Existe uma lacuna, toda a sua existência torna-se diferente em termos qualitativos. Antes disso, ela pode ter sido esposa, um ente querido e, de repente, isso deixa de ser importante. A criança nasce, e um novo estilo de vida tem início: a mulher torna-se mãe.

É por isso que os maridos estão sempre com medo dos filhos. Basicamente, eles jamais gostam dos filhos, porque uma terceira parte entra na relação, e não só entra, mas também se torna o centro. E, depois disso, a mulher nunca mais é a mesma esposa, ela fica diferente. Se o marido realmente quiser amor, tem que se colocar como se fosse um filho, pois essa mulher que virou mãe nunca poderá ser uma esposa normal novamente. Ela tornou-se mãe, e nada mais pode ser feito em relação a isso. A única coisa que resta ao marido é tornar-se um filho para ela. Essa é a única forma como o marido pode obter o amor dela novamente; do contrário, o amor estará se deslocando para os filhos dela.[3]

---

[2] *Don't Look Before You Leap* [Não olhe antes de pular], Capítulo 30.

[3] *A semente de mostarda*, Capítulo 18.

Quando uma mulher se tornou mãe, algo muito importante aconteceu com ela. Para a mulher, é praticamente um novo nascimento. No entanto, para o homem, é muito difícil compreender, a menos que ele seja criativo. Se ele tivesse dado origem a uma pintura ou uma poesia, ou algo do tipo, talvez um pequeno vislumbre pudesse lhe ocorrer. Quando um poeta dá à luz um poema, sente-se imensamente feliz. Ninguém pode compreender o que acontece por simplesmente se compor um poema. Mas não é apenas um poema. Havia muito tumulto dentro dele, e o poema acomodou muitas coisas.

Mas não é nada comparado com quando uma mulher se torna mãe. Nada absolutamente. Um poema é um poema: no momento em que nasce, já está morto. Quando está dentro do poeta, ele tem vida e, no momento em que é expresso, não passa de um pedaço inanimado de mobília. Pode-se pendurar na parede, pode-se jogá-lo no montão de lixo, ou fazer com ele qualquer coisa que se queira, mas o poema não está mais vivo.

Quando uma mulher dá à luz um filho, é vida. Quando ela olha nos olhos da criança, ela olha para seu próprio ser. Quando a criança começa a crescer, ela cresce com a criança.[4]

"Essa maratona louca, doce, totalmente exigente e fisicamente exaustiva e encantadora chamada maternidade... Desde que essa bola de fogo veio a nós, há quase dois anos, nunca mais tivemos uma noite ininterrupta de sono, nenhum dia de descanso. E sem achar nada tão importante quanto simplesmente estar presente para a criança, e até por isso, muitas vezes me sinto inadequada, tensa e cansada disso. Qual é a graça nisso? Preciso de ajuda!"

---

[4] *Get Out of Your Own Way* [Saia do seu próprio caminho], Capítulo 3.

Somente dar à luz uma criança é uma coisa, ser mãe é totalmente diferente. Qualquer mulher pode parir uma criança, é um fenômeno muito simples. No entanto, ser mãe exige conhecimento da grande arte, exige grande compreensão.

A mãe está criando um ser humano, que é a maior criação! A mulher passa por esses nove meses de agonia e êxtase. Depois, o trabalho não está terminado! Na realidade, é depois que o trabalho, o verdadeiro trabalho, começa, ou seja, quando a criança nasce. E a criança traz, mais uma vez, uma nova qualidade de vida. Toda criança é primitiva, um bárbaro, e agora a mãe tem que civilizá-la. Toda criança é um bárbaro, lembre-se. A criança é um animal, um selvagem. E a mãe tem que lhe dar cultura, tem que lhe ensinar os caminhos da vida, os caminhos do homem. É um grande trabalho.

A mãe precisa ter em mente que seu trabalho não terminou, apenas começou. Faça-o com alegria! Ela está criando algo muito valioso, pois está esculpindo uma vida, protegendo uma vida. O trabalho é tal que nenhum sacrifício é grande o suficiente, e qualquer sacrifício pode e deve ser feito. Primeira lição.

Segunda lição: a mãe não deve levar isso muito a sério, senão vai destruir a criança. Sua seriedade vai se tornar destrutiva. Leve na brincadeira. A responsabilidade está presente, mas tem que ser levada muito na brincadeira. Precisa lidar com a criança como alguém que toca um instrumento musical. A mãe deve deixar que a criança seja seu instrumento agora. Toque com cuidado, mas toque de modo divertido. Se a mãe fica séria, a criança vai começar a perceber sua seriedade, e será esmagada e incapacitada. Não oprima a criança. Não comece a achar que está fazendo algo grande para a criança. Quando digo que a mãe está fazendo algo grande, está fazendo algo grande para si própria. Ao ajudar essa criança a se transformar em um belo ser humano, em um Buda, a mãe se torna a mãe de um Buda. Dessa forma, a mãe não obriga a criança, e estará simplesmente desfrutando a sua própria vida, que vai se tornar uma fragrância através da criança.

Essa é uma oportunidade, oportunidade dada por Deus.

E estas são as duas ciladas: ou a mãe negligencia a criança, porque ela própria está cansada, ou se torna séria demais em relação à criança e começa a sobrecarregá-la, a forçá-la. Ambas estão erradas. Ajude a criança, mas para o puro prazer dela. Nunca sinta que o filho lhe deve alguma coisa. Pelo contrário, sinta-se agradecida por ele tê-la escolhido para ser sua mãe. Deixe que sua maternidade floresça através dele.

Se a mãe conseguir florescer em sua maternidade, vai sentir-se grata à criança para sempre.

E, naturalmente, haverá sacrifícios, mas eles têm que ser enfrentados... com alegria. Só assim é um sacrifício! Pois fazê-lo sem alegria não é sacrifício. Sacrifício vem da palavra "sagrado". Quando se enfrenta um sacrifício com alegria, é sagrado. Quando não se faz isso com alegria, é porque se está apenas cumprindo um dever, e todos os deveres são desagradáveis, não sagrados.

Essa é uma grande oportunidade. Medite sobre ela, mergulhe nela profundamente. Nunca vai ser encontrado um envolvimento tão profundo. Na verdade, não existe nenhum envolvimento como o que há entre o filho e a mãe. Nem mesmo entre o marido e a esposa, entre o amante e a amada, o envolvimento é tão profundo como entre a mãe e o filho. Não pode ser tão profundo com alguém jamais, uma vez que o filho viveu por nove meses com a mãe, e ninguém mais pode viver dentro da mãe por nove meses.

Embora a criança vá se tornar um indivíduo em separado, mais cedo ou mais tarde, em algum lugar lá no fundo, no inconsciente, a mãe e o filho permanecem ligados.

Se o filho conseguir se tornar um Buda, assim como se o filho crescer e se tornar um belo ser humano, a mãe será beneficiada por isso, uma vez que o filho vai sempre estar ligado a ela. Somente a ligação física se desliga. A ligação espiritual nunca é desligada.

Graças a Deus! A maternidade é uma bênção.[5]

"Você pode falar sobre as qualidades maternais de uma mulher?"

Buda diz: "Ser mãe é doce." Por quê? Somente dar à luz uma criança não é ser mãe, é bom lembrar. Pelo contrário, há milhões de mães na Terra, e parece não haver doçura. Na verdade, se for perguntar aos psicólogos, eles vão dizer exatamente o oposto. Vão dizer que o único problema a ser solucionado é a mãe.

A única patologia sofrida por milhões de pessoas é a mãe. E dizem isso depois de cinquenta, sessenta anos de análise constante de milhares de pessoas. A doença de todos vem, basicamente, de um aspecto: de que lhes foi dada pela mãe, ou seja, transmitida a eles pela própria mãe.

Há pessoas que têm medo das mulheres, e quem tem medo de mulheres não consegue amá-las. Como pode o amor surgir do medo? E por que o homem tem medo das mulheres? Por causa de uma infância vivida com medo da própria mãe. Ela estava sempre atrás dele, estava sempre batendo nele. Sempre dizia para ele fazer isso e não fazer aquilo, é claro, para o próprio bem dela. Ela mutilou o filho, destruiu muitas coisas nele. Fez do filho um impostor, pois lhe dizia o que era certo fazer. Gostasse ou não, se surgisse espontaneamente ou não, ele tinha que seguir as ordens. E ele era indefeso... sua sobrevivência dependia da mãe, e é por isso que tinha que ouvi-la. Ela o condicionou. E é devido ao medo da mãe que o homem tem medo das mulheres.

---

[5] *Walk Without Feet, Fly Without Wings and Think Without Mind* [Caminhe sem pés, voe sem asas e pense sem mente].

Milhões de maridos são dominados pela simples razão de que suas mães eram muito fortes. Não tem nada a ver com a esposa, eles estão apenas projetando a mãe na esposa. A esposa é só uma nova edição da mãe. Eles esperam da esposa tudo o que esperavam da mãe. Por um lado, isso os enfraquece. Por outro lado, eles passam a esperar atitudes que são impossíveis por parte da esposa, porque ela não é a mãe deles. Daí eles se sentem frustrados. E como será que o marido consegue fazer amor com a esposa?

Um rapaz que realmente tenha sido dominado pela mãe, que tenha sido reduzido à obediência absoluta, não será capaz de fazer amor com uma mulher, porque, quando se aproximar da mulher, ficará impotente psicologicamente. Como pode fazer amor com a própria mãe? É impossível!

Por isso muitos homens se tornam impotentes com suas esposas, mas apenas com suas esposas. Com as prostitutas eles não são impotentes. É estranho. Por que será que não ficam impotentes com prostitutas? Pela simples razão de que não conseguem pensar na mãe como uma prostituta, é simplesmente impossível. A mãe deles, uma prostituta? A prostituta é um mundo à parte. No entanto, eles conseguem pensar na esposa como uma mãe, conseguem projetar a própria mãe. A esposa torna-se simplesmente uma tela. Querem a esposa para cuidar deles como de uma criança pequena, e se ela não cuida deles, sentem-se ofendidos.

Há milhares de pessoas neuróticas e psicóticas no mundo por causa da mãe.

E Buda ainda diz: "Ser mãe é doce." Ele deve ter querido dizer outra coisa. Não pode ter se referido a uma mãe judia! E também não se trata apenas do nascimento de um filho, pois isso não faz da mulher uma mãe. Ser maternal é um fenômeno totalmente diferente. É algo absolutamente humano, transcende a animalidade. Não tem nada a ver com biologia. É amor, puro amor, amor incondicional.

Quando uma mãe ama incondicionalmente, e apenas uma mãe pode amar incondicionalmente, o filho aprende o prazer do amor incondicional. O filho se torna capaz de amar incondicionalmente. E ser capaz de amar incondicionalmente é ser religioso.

Isso é o que há de mais fácil para uma mulher fazer. É fácil para ela, porque está pronta para isso naturalmente. Ela está prestes a transcender a biologia através da maternidade. No entanto, é possível ser maternal sem dar à luz uma criança. A mulher pode ser maternal com qualquer pessoa. Pode ser maternal com um animal, com uma árvore. Pode ser maternal com qualquer coisa. É algo que está dentro dela.

Ser maternal significa ser capaz de amar incondicionalmente, amar a pessoa pelo puro prazer de amar, ajudar a pessoa a se transformar pelo puro prazer de ver alguém crescer.

O verdadeiro terapeuta é uma mãe. Se não for, não é um terapeuta de verdade. É apenas um profissional que explora as pessoas, explora-as por causa de seu sofrimento. Mas um terapeuta de verdade é uma mãe. Ele se torna um ventre para o paciente. Dá ao paciente um novo nascimento. Ele dá novo início à vida do paciente a partir do beabá. Dá a ele uma folha em branco para que reescreva sua vida.

Isso é o que eu quero dizer com "a psicologia dos Budas", pois essa é a verdadeira terapia. Um mestre é um verdadeiro terapeuta. Sua própria presença é terapêutica. Ele envolve as pessoas como uma mãe. Ele é uma nuvem que envolve as pessoas a partir de todos os lugares, de todos os lados, em todas as dimensões, como uma mãe.[6]

---

[6] *O Dhammapada*, Volume 9, Capítulo 7.

Família e controle de natalidade

"**E**mbora a família tenha sido a unidade social básica por milhares de anos, você questiona sua validade em seu novo mundo. O que sugere para substituí-la?"

O homem superou a família. A utilidade da família está acabada, ela viveu por tempo demais. Como se trata de uma das instituições mais antigas, somente pessoas muito perceptivas conseguem perceber que já está morta. Levará tempo para que os outros reconheçam o fato de que a família está morta.

A família cumpriu sua missão. Não é mais relevante no novo contexto, não é mais relevante para a nova humanidade, que está apenas nascendo.

A família teve aspectos bons e ruins. Foi de ajuda, pois foi por meio dela que o homem sobreviveu, e foi muito prejudicial, porque corrompeu a mente humana. Mas não havia alternativa no passado, não havia nenhuma maneira de escolher qualquer outra coisa. Era um mal necessário. Isso não precisa ser assim no futuro. O futuro pode ter estilos alternativos.

Minha ideia é que no futuro não terá um padrão fixo, e sim muitos, muitos estilos alternativos. Se algumas pessoas ainda optarem por ter uma família, devem ter a liberdade de tê-la. Será um percentual muito pequeno.

Existem famílias na Terra muito raras, que representam não mais do que 1%, que são realmente lindas, que são realmente benéficas, nas quais acontece o crescimento. Nelas não há nenhuma autoridade, nenhuma disputa pelo poder, nenhuma possessividade. Nelas as crianças não são destruídas, nem a esposa está tentando destruir o marido e vice-versa; nelas, onde existe amor e liberdade, as pessoas se reuniram por pura alegria, e não por outros motivos; não há política. Sim, esse tipo de família existiu na Terra, e ainda existe. Para essas pessoas não há necessidade de mudança. No futuro, podem continuar a viver em família.

No entanto, para a grande maioria, a família é uma coisa horrível. Basta perguntar aos psicanalistas, que eles vão dizer: "Todos os tipos de doenças mentais surgem na família. Todos os tipos de psicoses e neuroses surgem na família. A família cria um ser humano muito, muito doente."[1]

A família é a principal causa de todas as neuroses do ser humano. É importante entender a estrutura psicológica da família e o que ela faz na consciência do ser humano.

Primeiro: condiciona a criança a certas ideologias religiosas, dogmas políticos, alguma filosofia, alguma teologia. E a criança é tão inocente e tão acolhedora, tão vulnerável que pode vir a ser explorada. Ela ainda não consegue dizer "não", não tem ideia de como dizer "não" e, mesmo que pudesse dizer "não", não diria, porque é totalmente dependente da família, absolutamente dependente. É tão indefesa que tem que concordar com a família, em qualquer absurdo que a família queira que ela concorde.

A família não ajuda a criança a indagar. Pelo contrário, dá-lhe crenças, e crenças são venenos. Depois que a criança fica

---

[1] *Sufis: o povo do caminho*, Volume 2, Capítulo 12.

sobrecarregada com crenças, suas indagações são mutiladas, paralisadas, suas asas são cortadas. No momento em que tem a capacidade de questionar, estará tão condicionada que entrará em todas as investigações com certo preconceito, e com preconceito suas indagações não são autênticas. Como a criança já carrega uma conclusão *a priori*, está simplesmente à procura de provas para dar suporte à sua conclusão inconsciente. Ela se tornou incapaz de descobrir a verdade.

É por isso que há tão poucos Budas no mundo: a principal causa é a família. De outro modo, toda criança nasceria Buda, viria com o potencial para atingir a consciência suprema, para descobrir a verdade, para viver uma vida de felicidade suprema. Mas a família destrói todas essas dimensões, deixando as crianças completamente incapazes.

Cada criança vem com uma inteligência enorme, mas a família a torna medíocre, pois viver com uma criança inteligente é problemático. Ela duvida, é cética, indaga, é desobediente, é rebelde. A família quer alguém que seja obediente, pronto para seguir, imitar. Por isso, desde o início a semente da inteligência tem que ser destruída, praticamente queimada por completo, para que não haja a possibilidade de nenhum broto vingar.

É um milagre que algumas pessoas como Zaratustra, Jesus, Lao Tzu, Buda escapem da estrutura social, do condicionamento da família. Eles parecem ser grandes picos de consciência, mas na verdade toda criança nasce com a mesma qualidade, com o mesmo potencial.

Noventa e nove por cento das pessoas podem se tornar Budas, mas é preciso que as famílias desapareçam. Caso contrário, haverá cristãos, muçulmanos, hindus, jainistas e budistas, mas não Budas, Mahaviras, Maomés; isso não será possível. Maomé se rebelou contra sua formação, Buda se rebelou contra sua formação, Jesus se rebelou contra sua formação. Todos eles são rebeldes, e a família é absolutamente contra o espírito rebelde.

A humanidade está passando por uma fase muito crítica. O ser humano tem que decidir se quer viver de acordo com o passado ou se quer viver sob um novo estilo de vida. Basta! Tentou o passado com seus padrões, e todos falharam. Chegou a hora, é o momento ideal de sair das garras do passado e criar um novo estilo de vida na Terra.[2]

Para mim, um estilo alternativo é a comuna, e é a melhor.

Uma comuna significa pessoas vivendo em uma família fluida. As crianças pertencem à comuna, pertencem a todos. Não há propriedade pessoal, não há ego pessoal. Um homem vive com uma mulher porque querem viver juntos, porque têm carinho e prazer nisso. No momento em que sentem que o amor não está mais acontecendo, não continuam presos um ao outro. Eles se despedem com toda a gratidão, com toda a amizade. Depois, começam a se relacionar com outras pessoas. No passado, o único problema era o que fazer com as crianças.

Em uma comuna, as crianças podem pertencer à comuna, o que vai ser bem melhor. Elas vão ter mais oportunidades para crescer com muito mais tipos de pessoas. De outra forma, a criança cresce com a mãe. Durante anos, a mãe e o pai são as únicas duas imagens de seres humanos com quem ela tem contato. É natural que comece a imitá-los.

As crianças passam a ser imitadoras de seus pais e, assim, perpetuam o mesmo tipo de doença no mundo, assim como seus pais fizeram. Elas se tornam cópias idênticas. É muito destrutivo. E não há nenhuma maneira de as crianças fazerem outra coisa, pois elas não têm nenhuma outra fonte de informação.

---

[2] *Philosophia Ultima* [A derradeira filosofia], Capítulo 3.

Se uma centena de pessoas vive junta em uma comuna, haverá muitos membros do sexo masculino, muitos membros do sexo feminino e, portanto, as crianças não precisam ficar fixadas nem obcecadas com um padrão de vida. Elas podem aprender com seu pai, podem aprender com seus tios, podem aprender com todos os homens da comuna. Vão ter uma alma mais ampla.

As famílias esmagam as pessoas e lhes dão almas muito limitadas. Na comuna a criança terá uma alma mais ampla, terá mais possibilidades, será muito mais enriquecida em seu ser. Verá muitas mulheres, não vai ter apenas uma única concepção de mulher. É muito destrutivo ter apenas uma única concepção de mulher, pois durante toda a sua vida a criança estará procurando e procurando por sua mãe.

Basta observar quando um homem se apaixona por uma mulher! Existe toda a possibilidade de ter encontrado alguém que seja semelhante à própria mãe, e isto pode ser algo que ele deveria ter evitado.

Toda criança tem raiva de sua mãe. A mãe tem que proibir muitas coisas, a mãe tem que dizer "não", e isso não pode ser evitado. Mesmo uma boa mãe, às vezes, tem que dizer "não", além de restringir e negar. A criança sente ódio, raiva. Odeia a mãe e também a ama, porque ela é sua sobrevivência, sua fonte de vida e de energia. Portanto, a criança odeia e ama a mãe simultaneamente.

E isso se transforma no padrão vigente. O homem vai amar a mulher e vai odiar a mesma mulher. E não tem nenhum outro tipo de opção. Vai sempre procurar por sua mãe, inconscientemente. E isso acontece com as mulheres também, que buscam pelo pai. A vida inteira delas é uma busca para encontrar o pai como marido.

Bom, o pai não é a única pessoa no mundo, o mundo é muito mais rico. Na verdade, se a mulher puder encontrar o pai, não será feliz. Ela pode ficar feliz com um amado, com um amante, não com o pai. Se o homem puder encontrar sua mãe, não será feliz com ela. Já a conhece, não há nada mais a explorar. Isso já é familiar, e a familiaridade gera o desrespeito. A pessoa deve buscar algo novo, mas não tem nenhuma outra imagem.

Em uma comuna, a criança vai ter uma alma mais rica. Vai conhecer muitas mulheres, vai conhecer muitos homens, e não vai ficar dependente de uma ou duas pessoas.

A família cria uma obsessão no filho, e a obsessão é contra a humanidade. Se o pai está brigando com alguém e o filho percebe que ele está errado, não importa, porque o filho tem que estar a favor do pai e do seu lado. Assim como as pessoas dizem "Certo ou errado, meu país é meu país!", também dizem "Meu pai é meu pai, esteja certo ou errado. Minha mãe é minha mãe, tenho que estar do lado dela". Senão, será uma traição.

Isso ensina a criança a ser injusta. Ela pode perceber que a mãe está errada na briga com o vizinho, e que o vizinho está certo, mas tem que ficar a favor da mãe. Este é um aprendizado de uma vida injusta.

Em uma comuna, a criança não ficará apegada demais a uma única família, uma vez que não haverá nenhuma família à qual ficar apegada. Ela vai ficar mais livre, menos obcecada. Será mais justa. Além disso, terá amor de muitas fontes. Sentirá que a vida é baseada no amor.

A família ensina à criança uma espécie de conflito com a sociedade, com outras famílias. A família exige monopólio. Ela lhe pede que fique a favor dela e contra todos. A criança tem que estar a serviço da família. Tem que lutar pelo nome e pelo prestígio da família. A família lhe ensina ambição, conflito, agressão. Em uma comuna, a criança será menos agressiva, ficará mais à vontade com o mundo, porque terá conhecido muitas pessoas.

É isso que vou criar aqui, uma comuna, onde todos serão amigos. Até mesmo maridos e esposas não devem ser mais do que amigos. Seu casamento deve ser somente um acordo entre os dois, uma decisão de estar juntos porque são felizes juntos. No momento em que até mesmo um deles decida que a infelicidade está se estabelecendo, eles se separam. Não há necessidade de nenhum divórcio. Como não há casamento, não há divórcio. Vive-se espontaneamente.

Quando o ser humano vive de forma infeliz, aos poucos se acostuma à infelicidade. Nunca, por um único momento que seja, alguém deve tolerar qualquer sofrimento. Pode ter sido bom viver com um homem, no passado, além de prazeroso, mas se não é mais prazeroso, então a mulher tem que sair dessa relação. E não há necessidade de ficar com raiva e ser destrutivo, nem de ficar ressentido, uma vez que nada pode ser feito em relação ao amor.

O amor é como uma brisa. Perceba... simplesmente chega. Se está presente, está presente. Depois vai embora. E quando se foi, se foi.

O amor é um mistério, não se pode manipulá-lo. O amor não deve ser manipulado, o amor não deve ser legalizado, o amor não deve ser forçado, por nenhuma razão, de jeito nenhum.

Em uma comuna as pessoas vão viver juntas apenas pelo puro prazer de estarem juntas, e por nenhuma outra razão. E quando o prazer tiver desaparecido, elas se separam. Talvez possa parecer triste, mas elas têm que se separar. Talvez a nostalgia do passado ainda perdure na mente, mas elas têm que se separar. Elas devem isso umas às outras, ou seja, que não devem viver infelizes, senão a infelicidade se torna um hábito. Elas se separam com o coração apertado, mas sem nenhum ressentimento. Depois, vão buscar outros parceiros.

No futuro, não haverá casamento, como acontecia no passado, nem divórcio, como acontecia no passado. A vida será mais fluida, mais confiável. Haverá mais confiança nos mistérios da vida do que na clareza da lei, mais confiança na vida em si do que em qualquer coisa, tal como no tribunal, na polícia, no padre, na Igreja.

E as crianças devem pertencer a todos e, portanto, não devem carregar os emblemas de sua família. As crianças pertencerão à comuna, e é a comuna que cuidará delas.

Esse vai ser o passo mais revolucionário na história humana, para que as pessoas passem a viver em comuna e comecem a ser verdadeiras, honestas, confiantes, e descartem a lei cada vez mais.

Em uma família, o amor desaparece, mais cedo ou mais tarde. Em primeiro lugar, talvez nunca tenha existido amor, desde o início. Pode ter sido casamento arranjado, por outros motivos, por dinheiro, poder, prestígio. Pode não ter existido nenhum amor desde o início. Os filhos nascem de um matrimônio que mais parece um beco sem saída. São crianças que nascem sem amor. Desde o princípio, tornam-se desamparadas. E esse estado de não amor no lar torna-as apáticas, sem amor para oferecer. Elas aprendem sua primeira lição de vida a partir de seus pais, e os pais não são amorosos e vivem num ambiente onde há ciúme, brigas e raiva constante. E as crianças frequentemente veem a cara feia de seus pais.

A única esperança dos filhos é destruída. Não podem acreditar que o amor vá acontecer em sua vida, se não aconteceu na vida de seus pais. Além disso, eles veem outros pais e outras famílias também. As crianças são muito perceptivas, sempre olham tudo ao redor e observam. Quando percebem que não existe a possibilidade de amor, começam a achar que o amor existe somente em poesia, que existe somente para poetas, visionários, e que não existe de verdade na vida. E, uma vez aprendido que o amor é apenas poesia, o amor nunca vai acontecer, porque a criança fechou-se para ele.

Ver o amor acontecer é a única maneira de deixá-lo acontecer mais tarde em sua própria vida. Se o filho vê o pai e a mãe em profundo amor, com grande afeto, preocupando-se um com o outro, com compaixão um pelo outro, com respeito um pelo outro, então viu o amor acontecer. Surge a esperança. Uma semente cai em seu coração e começa a crescer. Ele sabe que vai acontecer com ele também.

Se a criança não viu, como é que pode acreditar que vai acontecer com ela também? Se não aconteceu com os pais, como é que pode acontecer com o filho? Na verdade, ele vai fazer de tudo para evitar que isso aconteça com ele, senão vai parecer que traiu os pais.

Esta é a minha observação em relação às pessoas: as mulheres dizem no fundo do inconsciente: "Olha, mãe, estou sofrendo tanto quanto você sofreu." Os meninos dizem para si mesmos, depois: "Pai, não se preocupe, minha vida é tão infeliz quanto a sua. Não fui além de você, não te traí. Continuo a mesma pessoa infeliz que você foi. Carrego a corrente, a tradição. Sou seu representante, pai, não te traí. Olha, estou fazendo a mesma coisa que você costumava fazer com a minha mãe, estou fazendo isso com a mãe dos meus filhos. E o que você costumava fazer comigo, estou fazendo com meus filhos. Eu os estou educando da mesma forma que você me educou."

Ora, a própria ideia de criar filhos é uma bobagem. Os pais podem, no máximo, ajudar, mas não podem educá-los. A própria ideia de educação das crianças é um absurdo; aliás, não apenas um absurdo, mas também muito prejudicial, bastante prejudicial. Não se pode construir... Uma criança não é um objeto, não como um edifício.

A criança é como uma árvore. Sim, os pais podem ajudá-la. Podem preparar o solo, podem colocar fertilizantes, podem regar, podem observar se o sol atinge a planta ou não, e isso é tudo. Mas não vão criar a planta, pois ela está crescendo por conta própria. Os pais podem ajudá-las, mas não podem criá-las, nem construí-las.

As crianças são grandes mistérios. No momento em que os pais começam a desenvolvê-las, no momento em que começam a criar padrões e tipos de caráter ao redor delas, estão aprisionando-as. Elas nunca vão ser capazes de perdoá-los. E esta é a única forma que elas vão aprender. E vão fazer a mesma coisa com os próprios filhos e assim por diante.

Cada geração passa suas neuroses para as novas pessoas que vêm para a Terra. E a sociedade persiste com toda essa loucura, todo esse sofrimento.

Não, agora é necessário uma abordagem diferente. O homem amadureceu e a família é algo do passado, ela realmente não tem futuro. A comuna vai ser a alternativa que pode substituir a família, e vai ser bem mais benéfica.

No entanto, somente pessoas meditativas podem estar juntas em uma comuna. Só se pode estar junto quando se sabe como celebrar a vida; só se pode estar com o outro e ser amoroso quando se conhece esse espaço que chamo de meditação.

O homem não pode ser feliz sem liberdade, e sua antiga estrutura familiar a destruiu. E ao destruir a liberdade, destruiu a felicidade, destruiu o amor. Foi uma espécie de medida de sobrevivência. Sim, de alguma maneira protegeu o corpo, mas destruiu a alma. Agora não há necessidade para isso. É preciso proteger a alma também. Isso é muito mais essencial e muito mais importante.

Não há futuro para a família, não no sentido que foi entendido até agora. Há um futuro para o amor e para os relacionamentos amorosos. "Marido" e "esposa" vão se tornar nomes feios, palavrões.

E sempre que se monopoliza a mulher ou o homem, naturalmente se monopolizam também as crianças. Concordo totalmente com Thomas Gordon. Ele diz: "Acho que todos os pais são potenciais abusadores de crianças, pois o modo básico de criação dos filhos é através do poder e da autoridade. Acho que é destrutivo quando muitos pais têm a concepção de que: 'É meu filho, posso fazer o que eu quiser com meu filho.' É violento, é destrutivo ter a concepção de que: 'É meu filho e eu posso fazer qualquer coisa que eu queira com ele.'" Uma criança não é um objeto, não é uma cadeira, não é um carro. O pai não pode fazer tudo o que quiser com ela. A criança vem por intermédio do pai, mas não pertence a ele. Ela pertence a Deus, à existência. O pai deve, no máximo, zelar por ela, e não ser possessivo.

Mas toda a ideia de família é de posse: possuir propriedade, possuir a mulher, possuir o homem, possuir os filhos, e a possessividade é um veneno.

É por isso que sou contra a família. Porém, não estou dizendo que aqueles que estão realmente felizes em suas famílias, ou seja, harmoniosos, vivos e amorosos, devam destruí-las. Não, não há necessidade. A família deles já é uma comuna, uma pequena comuna.

E é claro que uma comuna maior é muito melhor, com mais possibilidades, mais pessoas. Pessoas diferentes trazem músicas diferentes, pessoas diferentes trazem estilos diferentes de vida, pessoas diferentes trazem sopros diferentes, brisas diferentes, pessoas diferentes trazem raios diferentes de luz, e as crianças devem ser regadas com o máximo de estilos diferentes de vida possível, para que possam escolher, para que possam ter a liberdade de escolher.

E devem ficar tão enriquecidas ao conhecerem tantas mulheres que não vão ficar obcecadas pelo rosto da mãe ou pelo estilo da mãe. E, depois, vão ser capazes de amar muito mais mulheres, muito mais homens. A vida será mais uma aventura.

Ouvi dizer que:

Uma mãe, em visita a uma loja de departamentos, levou o filho à seção de brinquedos. Ao notar um cavalo de balanço gigantesco, o menino montou nele e balançou para trás e para a frente por quase uma hora.

– Vamos, filho – implorou a mãe –, tenho que ir para casa para preparar o jantar para o seu pai.

O garotinho se recusou a ceder, e todos os esforços da mãe foram inúteis. O gerente da seção também tentou persuadir a criança, mas não teve nenhum sucesso. Finalmente, em desespero, chamaram o psiquiatra da loja.

O psiquiatra aproximou-se com cuidado e sussurrou algumas palavras no ouvido do menino, que imediatamente pulou do cavalo e correu para junto da mãe.

– Como você fez isso? – perguntou a mãe, incrédula. – O que disse a ele?

O psiquiatra hesitou por um momento e, em seguida, afirmou:

– Tudo o que eu disse foi: "Se você não saltar fora desse cavalo de balanço de uma vez, filho, vou acabar com você!"

Mais cedo ou mais tarde as pessoas aprendem que o medo funciona, que a autoridade funciona, que o poder funciona. E as crianças são tão indefesas, tão dependentes de seus pais que eles podem fazer com que elas tenham medo. Essa passa a ser a técnica dos pais para explorar e oprimir os filhos, e estes não têm para onde ir.

Em uma comuna, as crianças vão ter muitos lugares para ir. Terão muitos tios, muitas tias, muitas pessoas, e não vão ser tão indefesas. Não vão ficar nas mãos dos pais tanto quanto estão agora. Terão mais independência, serão menos indefesos. Os pais não vão poder coagi-las com tanta facilidade.

E tudo o que os filhos veem em casa é infelicidade. Às vezes, sim, eu sei, às vezes o marido e a esposa estão se amando, mas sempre que estão se amando é sempre de modo privado. Os filhos não sabem disso. Veem apenas as caras feias, o lado feio. Quando a mãe e o pai estão se amando, fazem-no a portas fechadas. Ficam em silêncio, nunca permitem que os filhos vejam o que é o amor. As crianças veem apenas o conflito entre eles, ou seja, o ralhar, o brigar, o bater um no outro, de modos grosseiros e sutis, o insultar um ao outro, o humilhar um ao outro. As crianças veem continuamente o que acontece.

Um homem está sentado em sua sala de visitas, lendo o jornal, quando a esposa chega e lhe dá um tapa.

— Por que isso? — pergunta o marido, indignado.

— Isso é por você ser um péssimo amante.

Pouco tempo depois o marido se aproxima de onde a esposa está sentada assistindo TV e lhe dá uma palmada retumbante.

— Por que isso? — ela grita com ele.

— Para saber a diferença — ele responde.

Isso é contínuo, e as crianças estão sempre assistindo acontecer. Isso é vida? É para isso que serve a vida? Isso é tudo que existe? Elas começam a perder a esperança. Antes de começarem a vida, já são fracassadas, já aceitaram o fracasso. Se os pais, que são tão sábios e poderosos, não conseguem ser bem-sucedidos, que esperança há para elas? É impossível.

As crianças acabaram por aprender os truques: truques de ser infeliz, truques de ser agressivo. Nunca veem o amor acontecer. Em uma comuna, haverá mais possibilidades. O amor deve vir à tona um pouco mais. As pessoas devem saber que o amor acontece. Crianças pequenas devem saber o que é o amor. Devem ver as pessoas cuidando umas das outras.

Em um mundo melhor, com mais compreensão, o amor estará presente por toda parte. As crianças vão ver o que é ter carinho pelas pessoas. Vão ver a alegria que é quando uma pessoa se importa com a outra. Ao observarem, elas aprendem. Ao saberem que isso acontece, suas portas se abrem.

O amor deve ser mais aceito, a violência deve ser mais rejeitada. O amor deve estar mais disponível. Duas pessoas, ao fazerem amor, não devem ter a preocupação de que ninguém deva saber. Devem dar risada, devem cantar, devem gritar de alegria, para que toda a vizinhança saiba que uma pessoa está fazendo amor com outra, que alguém está fazendo amor.

O amor deve ser uma dádiva. O amor deve ser divino. É sagrado.

A vida pode se tornar um paraíso aqui e agora. As barreiras têm que ser removidas. A família é uma das grandes barreiras.[3]

"Por que todas as religiões são contra a contracepção?"

O papa é contra a contracepção. Ele é obrigado a ser porque todas as religiões são contra os métodos contraceptivos, pela simples razão de que seus adeptos serão reduzidos. Trata-se de um jogo político: quem consegue mais números? Os católicos ou os protestantes, os hindus, os jainistas ou os muçulmanos?

---

[3] *Sufis: o povo do caminho*, Volume 2, Capítulo 12.

A política toda gira em torno de números, especialmente por causa da democracia. Cada pessoa gera um voto e, portanto, quanto mais crianças nascem, mais votos são gerados. E aquele que tem mais votos vai governar o país, vai governar o mundo. Assim, todos os chefes religiosos, todas as instituições religiosas, todos os propagandistas religiosos são contra a contracepção.

Mas, na verdade, a contracepção é uma das grandes bênçãos que aconteceram com a humanidade em toda a história humana. É a maior revolução. Nenhuma revolução é tão grande comparada com a invenção dos contraceptivos, pois é por meio deles que as mulheres podem se tornar iguais aos homens. É somente através dos contraceptivos que a mulher pode ter todos os direitos que o homem sempre reivindicou para si próprio. Caso contrário, ela estaria quase sempre grávida.

A mulher não podia trabalhar na fábrica, não podia trabalhar no escritório, não podia ser médica, não podia ser professora. No máximo, podia ser uma dona de casa, o que significava simplesmente ser uma empregada doméstica. E sua vida toda era desperdiçada em dar à luz. Ela não podia fazer mais nada, não podia pintar, não podia compor poesia, não podia tocar música, não podia dançar. Como poderá dançar se estiver continuamente grávida? É tão revoltante, tão repugnante!

Entretanto, o trabalho da mulher, como um todo, no passado, era como o de uma fábrica: dar à luz as crianças. Começava por volta dos 14 anos e continuava enquanto o homem era potente o bastante para continuar a procriar. Duas dúzias de filhos não eram exceção, mas o normal era uma dúzia. Bom, uma mulher que dá à luz uma dúzia de crianças no mundo, ou duas dúzias, não vai ter tempo para mais nada.

Essa foi a principal causa da escravidão da mulher. E, enquanto ficava continuamente grávida, debilitada e doente por causa da gravidez, a mulher tinha que depender do homem; ela era dependente do homem economicamente. E a mulher que depende do homem economicamente não pode ser livre. A questão econômica é um dos fatores mais fundamentais. Se o dinheiro vem do homem, o dinheiro vem com condições.

Ao existir a necessidade de uma humanidade onde o homem e a mulher sejam iguais, os contraceptivos devem ser usados o mais amplamente possível, e devem tornar-se normais.

Os métodos anticoncepcionais transformaram a própria qualidade do sexo: o sexo fica divertido. O sexo não é mais algo tão sério como costumava ser. Virou apenas uma brincadeira, dois corpos brincando um com o outro, só isso. Não há nada de errado nisso. As pessoas jogam futebol, o que há de errado nisso? As pessoas jogam vôlei, o que há de errado nisso? As energias de dois corpos estão envolvidas.

O sexo é também um jogo, mas não era um jogo antes. Antes dos métodos anticoncepcionais, era algo sério. Os contraceptivos erradicaram toda essa seriedade em relação ao sexo. Agora, as religiões são obrigadas a ter medo, pois todo o seu edifício pode desabar por causa dos contraceptivos. O que os ateus não puderam fazer durante séculos, os métodos anticoncepcionais podem fazer em décadas. Eles já fizeram isso: os contraceptivos fizeram com que o homem ficasse livre do padre.

Os contraceptivos são uma bênção, mas o papa não pode ser a favor deles, porque o seu poder está em jogo; e não apenas o papa, mas todos os demais chefes religiosos, como os *shankaracharyas*, os aiatolás e os imãs, todos são contra os contraceptivos. Todo o negócio deles está em risco.

Sou totalmente a favor dos contraceptivos. Eles devem ser amplamente utilizados. Às crianças deve ser ensinado, pelos pais, pelas escolas, como usar os métodos anticoncepcionais, de modo que o sexo se torne apenas uma diversão, e perca toda a seriedade. E apenas então a mulher pode ser libertada.

Sem anticoncepcionais, a mulher está fadada a permanecer uma escrava, e metade da humanidade vivendo na escravidão não é um bom cenário de se olhar.

E o papa também é contra o aborto. Por que essas pessoas haveriam de ser contra o aborto? Por outro lado, continuam falando sobre a imortalidade da alma. Então, por que ter medo do aborto?

A alma é imortal, portanto, não há pecado nisso. Tudo o que uma pessoa pode ter feito ao abortar é ter evitado que a alma entrasse em um corpo. A alma vai encontrar outro corpo, se não nesta Terra, então em alguma outra Terra, porque os cientistas dizem que há, pelo menos, 50 mil planetas. Isso significa o mínimo de planetas onde há vida. É praticamente certo poder existir mais do que 50 mil. Portanto, se não neste planeta, então em algum outro... E é bom para deslocar as pessoas. O que há de errado nisso? Se este planeta está ficando muito lotado, basta deslocar algumas pessoas para alguns outros planetas... Isso é o que significa aborto.

– Posso entrar, senhora? – diz a alma.

– Não, o lugar está muito lotado. Bata em outra porta – responde a mulher.

Além disso, há outras possibilidades, de modo que ninguém está destruindo nada. Essas mesmas pessoas, por um lado, dizem que a vida é imortal, que a alma é imortal, e, por outro lado, fazem com que o ser humano tenha medo de que esteja matando uma alma, de que esteja matando uma vida, fazem com que se sinta culpado...

Existem apenas duas possibilidades: ou a alma é imortal e, portanto, nada é morto, ou a alma é mortal e, portanto, da mesma forma, nada é morto. Estas são as duas únicas possibilidades. Ou se acredita na imortalidade da alma e, portanto, nada é morto, porque nada pode ser morto, ou se acredita na mortalidade da alma e, portanto, que não há nada para matar, ou seja, não há alma realmente, somente corpo.

E decidimos quantas pessoas podem viver alegremente neste planeta! Porém, há também uma estratégia por trás disso: será que os sacerdotes religiosos, os papas e outros, não gostariam que o homem vivesse alegremente pela simples razão de que, se as pessoas passassem a viver com alegria, bem-dispostas, felizes, quem é que iria se importar com o paraíso e o céu deles? As pessoas têm que viver no sofrimento absoluto, pois apenas dessa maneira eles podem ensinar: "Olha, esta vida é miserável. Busque outra vida, a vida além. Esta vida é um inferno, portanto, não perca seu tempo em vivê-la. Use o seu tempo para buscar outra vida, a vida divina."

É uma vantagem para os religiosos que o mundo permaneça no sofrimento. E, psicologicamente, eles conseguiram manter o ser humano no sofrimento, fisiologicamente e biologicamente, estão tentando mantê-lo no sofrimento, ou seja, de toda maneira possível estão deixando o ser humano tão infeliz que ele se vê obrigado a buscar seus conselhos, e a considerá-los como seus salvadores.

A minha visão como um todo é diferente.

Apoio a ideia de que esta vida, aqui e agora, tem a capacidade de se tornar celestial. Não há necessidade de ansiar por nenhum outro céu, por nenhum outro paraíso. Podemos transformar esta vida em um fenômeno tão fascinante.[4]

"Qual é a sua opinião sobre aborto?"

O aborto não é um pecado. Neste mundo superpovoado, o aborto é uma virtude. Se o aborto é um pecado, o papa polonês, a Madre Teresa e outros são responsáveis por isso, porque são

---

[4] *Philosophia Ultima*, Capítulo 3.

contra os métodos contraceptivos, são contra os métodos de controle de natalidade, são contra a pílula anticoncepcional. Estas são as pessoas que são a causa de todos os abortos, elas são as responsáveis. Para mim, elas são grandes criminosas!

Neste mundo superpopulado, onde as pessoas estão passando fome e morrendo, ser contra a pílula é simplesmente imperdoável!

A pílula é uma das contribuições mais importantes da ciência moderna para a humanidade, ela pode fazer da Terra um paraíso.

Mas, com certeza, nesse paraíso não haverá órfãos. Diante disso, o que vai acontecer com a Madre Teresa e os missionários da caridade? E, nesse paraíso, quem vai ouvir o papa polonês? As pessoas vão ser tão felizes que quem é que vai se importar com essa gente? E quem é que vai pensar sobre um paraíso depois da morte? Se o paraíso é aqui e agora, então não há necessidade de inventar, projetar, sonhar, fantasiar um paraíso além.

O paraíso além foi fantasiado porque o ser humano tem vivido um inferno na Terra.

E esse inferno é muito útil para os sacerdotes, para os ditos religiosos, para os santos, para os papas, para todos os tipos de aiatolás e *shankaracharyas*, ou seja, todos os tipos de pessoas que usam de tapeação. São todas contra a pílula. Se elas têm algo contra a pílula, então façam-na em forma de pó! Se o fato de ser pílula for o problema, então triturem-na! Encontrem outra forma. Estas são as pessoas que são a razão dos órfãos, dos abortos, e que depois os servem. É realmente um belo trabalho o que eles estão fazendo!

Ouvi falar sobre dois irmãos que tinham um negócio. O negócio era o seguinte: um dos irmãos entrava em uma aldeia durante a noite, colocava alcatrão de carvão nas janelas e nas portas das pessoas, e ia embora pela manhã.

De manhã, vinha o outro irmão, gritando pelas ruas da aldeia: "Faço limpeza de alcatrão de carvão! Se alguém quiser que suas janelas fiquem limpas, estou aqui!" E é claro que ele tinha bastante trabalho, pois a cidade toda precisava dos seus serviços! No momento em que terminava, seu irmão já teria arruinado janelas e portas de outra aldeia, e ele, então, chegaria para oferecer seu serviço. Eles tinham bastante trabalho e ganhavam dinheiro suficiente!

Isso é o que essas pessoas fazem. Sejam contra a pílula, sejam contra os contraceptivos, sejam contra a esterilização, sejam contra as técnicas de controle de natalidade e, depois, naturalmente, haverá abortos, haverá órfãos e mendigos. Em seguida, prestem serviço a elas e ganhem grande virtude, pois quem não prestar serviço nunca vai chegar ao céu.

Essas pessoas pobres são necessárias como trampolim para que se possa ir para o céu.

Gostaria de destruir a pobreza, não quero servir aos pobres. Basta! Por 10 mil anos os tolos serviram aos pobres, e nada mudou. Mas agora existe tecnologia suficiente para destruir completamente a pobreza.

Portanto, se alguém tem que ser perdoado, são essas pessoas. É o papa, a Madre Teresa e outros que têm que ser perdoados. Eles são criminosos, mas para compreender seu crime vai ser necessária uma grande inteligência.[5]

"Fiquei muito chocado ao ouvi-lo apoiar a produção de bebês de proveta, dizendo que eles poderiam ser gênios mais bonitos e mais saudáveis do que os seres humanos. Certamente, a beleza do nosso ser interior é tudo o que importa, não é? Ou você estava brincando?"

Não. É muito difícil eu ser sério, mas quando fiz essa afirmação, eu estava muito sério. Eu realmente quis dizer isso, por-

---

[5] *Zen: Zest, Zip, Zap and Zing*, Capítulo 13.

que o homem que foi criado pela natureza cega, pela biologia cega, não tem mostrado uma evolução real para a humanidade. Pode-se ver isso.

Charles Darwin diz que os macacos se tornaram homens. No entanto, desde aquela época, que deve ter sido há 1 milhão de anos, por esse milhão de anos o homem não criou nada melhor. Os macacos eram muito mais inteligentes, pois pelo menos eles deram à luz a humanidade. Os seres humanos parecem ser absolutamente impotentes. Continuam criando cópias deles mesmos. Isso tem que ser interrompido.

Ouvi certa vez uma história que se passou em um escritório. Chegaram ordens superiores de que, como o escritório estava muito lotado de arquivos antigos, que datavam de trinta, cinquenta anos, deveriam ser destruídos. "Mas certifiquem-se de que sejam mantidas todas as cópias dos arquivos!" Então, qual é a vantagem disso? Por que destruir os originais?

Até agora, o homem se encontrou com a mulher por acidente. É por isso que você se sente chocado, e qualquer um vai ficar chocado, eu compreendo, ao pensar que um bebê não deve ter o utero da mãe, o calor da mãe, o cuidado da mãe, o amor da mãe... Mas, sabe, há muitas outras coisas também na mãe: a rabugice, o ódio, o ciúme, a estupidez. Ele vai ter todas essas coisas também.

E como se pode ver, os espécimes estão disponíveis no mundo todo. Eis o que resultou de relacionamentos: Adolf Hitler foi fruto de uma relação humana, ele esteve em um útero de mãe. Joseph Stalin nasceu da mesma forma. Assim como todos esses criminosos: Alexandre, o Grande, Napoleão Bonaparte, Mussolini, Mao Tsé-Tung, Nadir Shah, Tamerlane, Genghis Khan. A história é cheia desses monstros. Eles também saíram de mulheres amorosas.

Não confio mais na biologia cega. Confio mais em um ser humano consciente. É melhor que a criança nasça a partir de um tubo de ensaio, onde se pode escolher o sêmen e o melhor óvulo da mulher. E não há necessidade de se preocupar, porque eles são anônimos. Na verdade, todo hospital deve ter um banco, pois, se eles têm banco para sangue, devem ter bancos para sêmen e óvulos também. Além disso, devem procurar fazer com que a melhor célula de sêmen e o melhor óvulo se unam de uma maneira muito clínica, em um tubo de ensaio, isto é, tubo de proveta.

As crianças não vão ter a herança de seu passado desagradável. Serão seres puros, sendo até possível programar esses óvulos e as células de sêmen para que se tenha mais saúde, mais vida, mais inteligência.

A cada relação amorosa, o homem libera milhões de células de sêmen vivas. Somente uma delas atingirá o óvulo feminino. Todos os sêmens saem correndo, é realmente uma grande corrida... Milhões de seres vivos, embora sejam muito pequenos e não se possa vê-los a olho nu – é uma grande corrida, maior do que qualquer corrida que aconteça na Terra.

Ao pensar em tamanho, o trajeto percorrido entre o sêmen e o óvulo da mulher é de cerca de 3 quilômetros. Se eles fossem do tamanho de um ser humano, o trajeto seria de cerca de 3 quilômetros. Uma trilha de cerca de 3 quilômetros... e eles estão lutando arduamente para sobreviver, porque não há muito tempo. Estão sempre próximos à Terceira Guerra Mundial. Podem viver apenas duas horas, não mais do que isso. Apenas um sêmen atinge o óvulo, e o ovo se fecha. Raramente acontece de duas células de sêmen atingirem o óvulo ao mesmo tempo, quando então nascem gêmeos.

Rabindranath Tagore, um dos grandes poetas da Índia, foi o 13º filho de seu pai. Os outros 12 revelaram-se apenas idiotas, ninguém nem sabe os seus nomes. Ora, trata-se de um longo caminho às cegas. Se o pai de Rabindranath tivesse parado depois do 12º filho, que parece ser um bom ponto de parada, pois uma dúzia é suficiente, mais do que suficiente, o mundo teria perdido um de seus seres mais belos: um grande poeta, um grande pintor e um grande ser humano... belo em todos os sentidos.

No entanto, em um tubo de proveta é tão fácil! Aqueles 12 deveriam ter sido descartados. Escolher-se-ia Rabindranath para ser o primeiro filho, e quem sabe quanto potencial a mais ele poderia ter se tivesse obtido o melhor óvulo feminino. Ninguém sabe.

Não se conhece a potencialidade humana. É preciso dar uma chance. O que estou dizendo é para dar uma chance. Parece desumano no começo. Tudo que é novo parece desumano no começo.

Sabe, quando o primeiro trem de ferro se deslocou de Londres para uma estação próxima, uma jornada de apenas 10 quilômetros, ninguém estava preparado para sentar nele... até mesmo de graça. O almoço era servido gratuitamente, mas ninguém estava pronto para entrar no trem, porque o padre, no início da manhã, tinha dito na igreja que Deus nunca criara um trem de ferro: "Isso não é natural, isso é perigoso, isso é desumano! Não sentem nele!"

O que será que teria acontecido se as pessoas tivessem obedecido? Não teria havido trens, carros, aviões, foguetes para chegar à lua.

Temos que alcançar as estrelas! É preciso ter corpos mais fortes, é preciso ter pessoas mais inteligentes, é preciso ter pessoas que estejam livres de toda essa porcaria velha. Isso só será possível se for adotado um programa médico, clínico, para o nascimento do homem.

Sou de total apoio a isso.[6]

---

[6] *O último testamento*, Volume 1, Capítulo 3.

"Meu medo em torno da sua visão em relação ao nascimento do novo homem, por meio de tubos de ensaio e da engenharia genética, não vem da tecnologia em si, mas do temor de quem possa controlar a tecnologia. Como se pode garantir que esse conhecimento será usado por seres humanos conscientes, em vez de políticos idiotas que poderiam transformar nosso admirável mundo no mundo criado por Orwell em seu livro *1984*?"

Quem controla a tecnologia hoje? Quem controla todas as armas nucleares? Quem controla todas as descobertas científicas? Alguém levantou a voz contra isso? Alguém ao menos pensou que toda a vida na Terra está agora na mão de políticos idiotas?

E tem sido sempre assim. Qualquer coisa que seja descoberta é imediatamente controlada pelos governos, então, por que a pergunta está voltada apenas para a engenharia genética? Você não tem medo de que os políticos tenham armas nucleares que possam destruir você 700 vezes? Apesar de destruído uma vez, você não precisará ser destruído novamente, pois você não é o único filho criado por Deus, você não ressuscitará, e os messias não estão aqui para trazer você de volta à vida.

Mas eu entendo que você esteja com medo de que, se a engenharia genética estiver nas mãos dos políticos, certamente eles não irão produzir o homem da beleza, do amor, do silêncio, da inteligência, da graça. Vão criar robôs de aço, para transformá-los em soldados para lutar, para matar. Eu sei disso. Por esse motivo propus que não houvesse nações; o mundo deveria ter apenas um governo funcional. Todas as fronteiras têm que ser removidas, todos os passaportes e *greencards* têm que ser queimados. O fato de ser um ser humano já é suficiente para entrar em qualquer país.

Por isso, sempre que digo algo, é bom se lembrar de todo o contexto, pois caso contrário eu serei mal-interpretado. Quero um mundo onde não haja guerra nem necessidade de soldados. Quero um governo mundial. Quero que o presidente do governo mundial apenas governe por seis meses, de modo que não possa causar nenhum mal. Além disso, quero uma pessoa que seja escolhida apenas uma única vez. Tudo isso é precaução.

A engenharia genética, para gerar crianças em laboratórios científicos, estará nas mãos dos cientistas.

O ser humano tentou a religião, que fracassou. Tentou os políticos, que fracassaram. Agora tem que tentar a ciência. É preciso lhe dar uma chance, pois em trezentos anos a ciência fez mais progresso do que o homem em toda a sua história de milhares de anos.

Eu propus que o mundo devia ter uma academia de ciências, para que não existam cientistas russos ou norte-americanos, nem cientistas hindus ou cristãos, tudo isso é passado. Essa academia terá todos os gênios do mundo. E, como todos os outros esforços fracassaram, é preciso dar uma segunda chance à ciência. Não há mal algum. No máximo, ela pode fracassar; a pior possibilidade é de que a ciência possa fracassar, mas não acho que o consiga.

Temos que preparar um novo tipo de homem. E é a partir desse novo tipo de homem, que tem como qualidades ser meditativo, silencioso, amoroso, que virão os cientistas.

Tenho a visão completa do novo homem: sem religião, sem nacionalidade, apenas um governo funcional em vez de vários governos, e uma poderosa academia mundial de cientistas. E a ciência deve ser o fator decisivo.

Não se deve ter medo. Os cientistas não são monstros, os cientistas são muito humanos. E se a meditação continuar a florescer e os *sannyasins* [renunciadores da riqueza] continuarem a crescer, os cientistas serão as primeiras pessoas a se interessarem pela jornada interior. Eles precisam disso, senão suas vidas ficam desequilibradas. Eles estão apenas vindo para fora, fora, fora. Eles precisam de determinados métodos para que possam ir para dentro e manter certo equilíbrio. E um cientista meditativo não pode conceber a criação de monstros, assassinos.

A ciência tem sido uma bênção para o homem. E pode ser uma bênção ainda maior se houver apenas um mundo.[7]

---

[7] *From the False to the Truth* [Do falso à verdade], Capítulo 31.

Criatividade

"Você poderia falar da mulher criativa? Sou uma mulher e o espírito criativo queima fortemente em mim. Sei que as mulheres podem oferecer uma visão, uma perspectiva, uma leveza para o mundo da arte que nunca foi vista antes. Sinto que tem uma base diferente de onde começar. Talvez seja porque a arte possa ser originada do amor e não precise mais ser conquistada."

A criatividade não faz distinção entre homem e mulher. Aquele que se sente criativo deve fazer uso disso. Mas não deve achar que é possível usar a criatividade para algo maior, algo que o homem não foi capaz de fazer.

Por que sempre colocar linhas divisórias entre homem e mulher? A verdade é que todo homem carrega uma mulher dentro de si e que toda mulher carrega um homem dentro de si. Está fadado a ser assim, porque, independentemente de ser homem ou mulher, o indivíduo é criado por um homem e por uma mulher. Ambos contribuíram para sua formação, metade cada um. Tanto o pai quanto a mãe estão vivos no indivíduo.

É apenas uma questão de qual lado da moeda está para cima e qual lado está para baixo.

Sem dúvida, será uma arte melhor se homens e mulheres criarem a partir de seus diferentes ângulos. Porém, da maneira como você diz, conforme citado, você não entende nada de criatividade. Você diz que a criatividade pode vir do amor, e que a pintura, a escultura e a dança não precisam ser conquistadas. Mas a possibilidade é 99% de que o amor seja tão gratificante que não haveria por que alguém querer pintar. Ninguém vai se preocupar em perder tempo fazendo uma estátua.

O amor é tão gratificante que quem é que vai se importar em escrever poesia? A poesia é escrita por pessoas que perderam o trem. Agora elas estão, de alguma forma, se consolando ao escrever poesia sobre amor, amor que elas desconhecem.

É muito difícil ser criativo por amor. Sim, uma espécie diferente de criatividade estará lá. Se a mulher ama um homem, talvez sua cozinha se torne o campo de sua criatividade. Ela gostaria que seu homem tivesse a melhor comida. Ela gostaria que o homem tivesse as melhores roupas. Basta olhar para as minhas roupas! Isso é criatividade por amor.

Quase nunca é possível que uma mulher que ame se importe com pintura, poesia, dança etc. É realmente o complexo de inferioridade do homem, ou seja, o fato de ele não poder amar tão profundamente, o fato de ele não poder gerar uma criança, que faz com que tenha que encontrar alguns substitutos para competir com a mulher. Ele cria pintura, ele cria escultura, ele cria arquitetura, ele cria paisagismo para um jardim. Ele quer sentir que também pode ser criativo. Isso está basicamente saindo de sua inferioridade. Ele pode ver a mulher e seu poder imenso de criar vida. Ele cria uma estátua morta que, independente de sua beleza, está morta.

Quem quer que tenha feito a pergunta, parece ser contra os homens, e qualquer mulher que esteja contra os homens está ela mesma se transformando em algo não natural. Ao estar contra os homens, ela mesma está se tornando um homem. Em termos psicológicos, ela está se sentindo inferior agora, porque o homem pode pintar e criar música e dança. Naturalmente, ela terá que deixar de dar à luz os filhos para que sua própria criatividade possa ser direcionada para estas coisas: pintura, poesia, música.

Mas eu gostaria que a mulher soubesse que ela vai ser uma perdedora. Ela está competindo com o homem, e não precisa competir, pois ela já é superior. A mulher não precisa escrever poesia. Seu amor é a sua música. Seu coração pulsando com seu amado é a sua dança!

Entretanto, se a mulher quiser criar poesia, música e dança, vai ter que se privar do amor. Terá que estar no mesmo espaço onde se encontra o homem: sentir-se inferior e, depois, encontrar substitutos para a criatividade. Isso é horrível. Não posso dar o meu apoio a isso. A mulher é o sexo superior, e não precisa provar isso...

E se sentir que não tem nenhum desejo de ter filhos, e quiser pintar ou compor uma música, é perfeitamente positivo.

Na verdade, muitas mulheres devem fazer isso, porque a Terra está superpovoada. Elas serão de grande ajuda se desviarem sua criatividade dos filhos para a pintura, porque os quadros não precisam ser alimentados. Dançar é ótimo. Dancem o quanto quiserem, pois com isso não se cria nenhuma Etiópia. Escrevam poesia. A poesia talvez faça com que algumas pessoas tenham que sofrer ao ouvi-la, ao ficarem entediadas com ela, mas isso não é um grande problema. Essas pessoas podem conseguir evitar aqueles que as escrevem.

E se não há o desejo de gerar filhos, está absolutamente correto. Sem dúvida, a mulher terá que criar alguma outra coisa. Faça isso, mas não pense que sua criatividade vai ser maior do que a do homem. Não pode ser, pelo simples fato de que a mulher é o sexo superior, e não tem aquela inferioridade dentro de si que é o que incentiva o homem a colocar toda a sua vida em sua pintura.

Ele compete com o bebê da mulher! E, mesmo que ele seja um Picasso, morre de desespero. Durante a vida inteira ele tentou pintar alguma coisa, mas nenhuma pintura pode ser vida, nenhuma poesia pode ser viva. Portanto, é bom lembrar que a mulher pode criar, mas muito provavelmente sua criatividade será de terceira categoria. Mas é bom para o mundo. Ninguém quer aumentar mais a população, e sim reduzi-la para um quarto do que é hoje. Portanto, a mulher estará contribuindo para um grande projeto. Ela será uma bênção ao deixar de dar à luz uma criança.

Mas a mulher precisa abandonar a ideia de que vai criar algo superior por amor. Se realmente quiser criar algo, também não deve pensar em amor, pois o amor é muito satisfatório, gratificante. É um milagre. Quem é que vai querer escrever poesia?

Nunca deparei com um amante sequer, homem ou mulher, que tenha criado poesia, que tenha criado pinturas, que tenha criado esculturas pelo simples motivo de que eram muito satisfeitos. Todas essas coisas criativas precisam de uma insatisfação, uma ferida que precisa ser coberta.

Estou perfeitamente feliz com sua ideia. Basta fazer o esforço criativo que queira, mas lembre-se de que a mulher não tem o complexo de inferioridade do homem e, portanto, não pode competir com o homem, de forma alguma. A mulher já está em uma posição melhor. O homem é pobre, é preciso apenas ter compaixão do pobre rapaz.[1]

---

[1] *From Death to Deathlessness* [Da morte para a imortalidade], Capítulo 1.

"Outro dia você falou que as mulheres criam filhos, e que os homens criam artes e outras coisas materiais. É anormal ou neurótico o fato de uma mulher não desejar um filho e preferir ser uma artista? Eu nunca quis ter um filho. Dança, música, poesia, teatro e pintura foram a minha paixão e expressão. Poderia comentar?"

Não há nada de anormal nisso. Se a mulher não quiser ter um filho, ela tem o direito de não tê-lo. Se quiser colocar sua criatividade na pintura, na arte, na música, tudo bem, o que é muito melhor do que criar um filho que está sujeito a ser uma sobrecarga na Terra. E quem é que sabe que espécie de criança vai nascer?

Uma pintura é inofensiva. A música é bela, a dança vai acontecer. Não, não há nada de anormal nisso. Foi dito pelos homens, repetidas vezes, que é dever natural da mulher gerar crianças. Foi assim que eles conseguiram manter a mulher na escravidão, pois, se a mulher gera crianças de forma contínua, quando vai sobrar tempo para ela pintar? Quando vai ter tempo para criar música, poesia, peça de teatro?

Assim, por um lado, eles forçaram a mulher a permanecer continuamente grávida. Há apenas cem anos, toda mulher no mundo todo se mantinha continuamente grávida. Uma criança ocupa nove meses da vida da mulher e, depois, ela tem que criar a criança. E quando a criança não tem nem mesmo seis meses, a mulher fica grávida novamente. É como fumar sem parar. E até mesmo um único filho é um tanto incômodo.

Concordo com você. Perguntaram-me diversas vezes: "Você não gostaria de ter um filho?" E eu dizia: "Eu? Ou eu mataria a criança ou eu me mataria. Nós dois não poderíamos coexistir! Uma criança no meu ambiente? Impossível!" Só para ficar atento, nunca me casei, porque, quem é que garante que a mulher com quem eu viria a me casar não iria querer ter um filho? Daí surgiriam os problemas.

Não há problema, a menos que a própria pessoa sinta que há. Não se dá ouvidos a ninguém, ao que eles dizem, ou seja, que isso é anormal. Pode não ser natural para eles; então, que eles gerem quantas crianças quiserem. A mulher que se sente bem ao pintar, ao escrever poesia, ao compor música, está dando filhos melhores ao mundo, filhos inofensivos e que vão fazer muitos se alegrarem.[2]

"É verdade que você considera o sexo para reprodução pecaminoso? Também li palavras suas afirmando que o ato mais criativo de uma mulher é a produção de uma criança, e que há uma grande diferença entre uma mãe e uma mulher. Se for assim, então há pecado em ter participação no sexo e no amor na esperança de criar um filho e de vivenciar a alegria da criação e da renovação da energia do universo?"

Sim, até agora, o ato mais criativo da mulher foi dar à luz uma criança, mas não vai ser mais assim. A Terra não era tão povoada no passado, e era uma necessidade, uma grande necessidade, e a mulher cumpriu esse papel. Mas agora ela tem que desenvolver novas dimensões de criatividade para que, depois, tenha capacidade de ser igual ao homem. No passado, ela cumpria o papel de uma fábrica, e o homem a usava só para criar mais filhos. Ter mais filhos era benéfico em termos econômicos, era negócio, pois os filhos ajudavam os pais em todos os sentidos possíveis; eles não eram um fardo no passado.

Em países pobres, ainda persiste a velha ideia de que, quanto mais filhos, melhor para os pais economicamente. No passa-

---

[2] *From the False to the Truth* [Do falso à verdade], Capítulo 34.

do isso era verdade, mas é absolutamente falso atualmente. Maomé casou-se com nove mulheres e permitiu que os muçulmanos se casassem com quatro mulheres, justamente para criar mais muçulmanos, uma vez que havia uma guerra constante entre os muçulmanos e os não muçulmanos, e a política dos números era uma questão de poder. Portanto, era econômica e politicamente importante que os homens se casassem com mais mulheres, e o povo até roubava mulheres de outras tribos. Era mais importante roubar uma mulher do que um homem, porque o homem não é tão reprodutivo. Um homem é suficiente para servir muitas mulheres, além de poder produzir muitas crianças.

Mas agora a coisa toda mudou, pois o mundo está superpovoado. Agora, a necessidade do dia é desviar a criatividade das mulheres para novas dimensões: poesia, literatura, pintura, música, arquitetura, escultura, dança. Agora, deve-se permitir a ela todo o espectro da criatividade.

Criar filho agora é perigoso. Superpovoar a Terra agora é suicídio, uma vez que já somos, em número, mais do que o necessário.

Agora gerar filho não é criativo, é destrutivo! O contexto como um todo mudou, e é preciso aprender novas formas de viver em um novo contexto. A mulher não podia criar boa poesia, boa música, grande arte, boa literatura, assim como não podia ser cientista, mística, não podia fazer nada, porque estava constantemente grávida no passado. Ela era desnutrida, torturada por tantos filhos, dúzias de filhos, sempre grávida, doente. Ela ainda não tinha vivido plenamente, não tinha tempo suficiente para viver.

Pela primeira vez é possível, através dos contraceptivos e dos métodos de controle de natalidade e da esterilização, que a mulher consiga se livrar de ficar grávida desnecessariamente, carregar o longo fardo de dar à luz filhos, e depois criá-los.

Suas energias podem ser liberadas. Agora ela também pode se tornar um Buda, um Zaratustra, um Jesus, um Krishna. Agora ela também pode criar como Mozart, Wagner, Leonardo da Vinci, Michelangelo, Shakespeare, Kalidas, Rabindranath, Tolstói, Chekhov, Gorky, Dostoievski.

E a minha sensação é de que, uma vez que as energias das mulheres estejam totalmente livres de gerar filhos, elas possam ser capazes de criar Budas superiores. Por quê? Porque elas têm uma força muito mais criativa do que o homem.

Porém, sua criatividade permaneceu limitada a dar à luz filhos, e não há muito de criatividade nisso, é apenas biológico. Se os animais fazem isso muito bem, então, o que há de grandioso nisso? Gerar uma criança não é nada consciente, deliberado, meditativo. A mulher é apenas usada pela natureza, pela biologia, como um meio de propagar a raça, a espécie.

É por isso que há certa tendência de todos se sentirem culpados, mesmo na ausência do padre. O padre usou isso, explorou isso, mas não foi ele quem realmente criou isso. Existe uma culpa oculta em relação ao sexo, e que os padres amplificaram bastante, porque se tornou fonte de grande exploração para eles. Eles podiam dominar o ser humano com mais força fazendo-o sentir-se culpado.

Mas o ser humano deve ter um motivo em seu interior, caso contrário, sem nenhum fundamento em seu interior, nenhuma culpa poderia ser imposta a ele. O ser humano sente isso lá no fundo: de uma forma sutil, de uma forma inconsciente, ele sabe que o sexo não é algo consciente, e sim inconsciente, que é mecânico, que ele é usado como um meio, que ele não é o mestre. Ele sabe que é uma força biológica, que não é realmente ele que deseja uma mulher ou um homem, trata-se apenas de hormônios.

E quando uma pessoa sabe que está sendo usada e se dá conta de que é incapaz de se livrar dessa escravidão, surge a culpa de que não está sendo forte o suficiente, que não é realmente um mestre, que não passa de um escravo. O sexo é um ato animal.

Isso é o que eu quero dizer quando afirmo que o sexo para a reprodução é pecaminoso. A palavra "pecado" não é usada em nenhum sentido moralista. Estou simplesmente dizendo que é pecaminoso porque é inconsciente, não meditativo. As pessoas não estão *fazendo* isso, as pessoas são forçadas a fazê-lo por algumas forças inconscientes. Foi o que eu quis dizer quando falei que o sexo para a reprodução é pecaminoso.

Agora a Terra não precisa de mais pessoas. Se existe a intenção de fazer da Terra um inferno, então tudo bem, então continuem a reproduzir. Ouçam o que o papa e a Madre Teresa têm a dizer... Ouçam todos esses caras estúpidos que dizem para o povo evitar contraceptivos, evitar controle de natalidade, evitar a esterilização, porque são atos não religiosos; evitar o aborto, porque é muito imoral.

Entretanto, ao evitarem o aborto, os contraceptivos, a esterilização, as pessoas serão responsáveis pelo suicídio global, e isso vai ser uma verdadeira violência. E o mundo está se aproximando cada vez mais disso, a cada dia. Esta é a primeira razão de eu dizer que o sexo com o objetivo de reprodução é pecaminoso.

Mas o papa, Mahatma Gandhi e os outros chamados santos, todos dizem que o sexo é moral somente se a pessoa estiver se entregando a ele por razões reprodutoras. Na verdade, eles estão dizendo que o sexo é bom apenas se for animal, pois os animais usam o sexo apenas por questões de reprodução.

Para mim, fazer sexo por razões reprodutoras é pecaminoso porque é animal, é inconsciente, é biológico.

Entregar-se ao sexo pelo puro prazer de compartilhar a energia com alguém de quem se é íntimo... é uma forma de comungar de energia com energia, de coração com coração. É derreter e fundir um ao outro... com nenhuma outra finalidade.

Se houver uma finalidade, como o fato de a pessoa querer criar uma criança, então é negócio. Se não houver nenhuma finalidade, se é uma diversão despropositada, então, há apenas beleza, e não cria nenhuma escravidão. Com isso, a pessoa se vê livre da biologia, eleva-se acima da biologia, eleva-se acima dos animais, e alcança os picos da humanidade.

Portanto, para mim, o sexo é belo apenas quando não é proposital, quando é apenas diversão, quando a pessoa não se entrega a ele por nenhuma outra finalidade, quando a comunhão com uma mulher, ou um homem, somente pelo puro prazer é suficiente.

Assim, o ser humano transcende a vida inferior animal e entra em uma dimensão superior. E é bom lembrar: reprodução não é criação.

Uma vez livre do fardo desnecessário da reprodução, a mulher será capaz de criar de forma mais poderosa do que qualquer homem, pois, se pode gerar uma criança, por que não pode gerar belas músicas? No entanto, não foi possível até agora, e o homem tem tentado racionalizar...

Uma vez liberadas suas energias, a mulher vai ser capaz de ser criativa. Mas acho que o homem tem medo da criatividade da mulher. Não há dúvida de que a mulher pode superar a criatividade do homem, ela é naturalmente mais dotada de criatividade.

Sou totalmente a favor da criatividade, mas é preciso lembrar que a reprodução não é criatividade, elas não são sinônimos. A criatividade é algo consciente, enquanto a reprodução é inconsciente. A criatividade é meditativa, enquanto a reprodução não tem absolutamente nada a ver com meditação.

Mas o homem usa a mulher praticamente como gado. Usa a mulher para educar seus filhos, usa a mulher como uma fazenda. É exatamente este o significado da palavra "marido":

"o agricultor"; e agricultura significa criação. A esposa é o campo, e o marido é o agricultor, e a única função da esposa é proporcionar uma boa colheita a cada ano.

A mulher nunca pode ser libertada, a menos que se compreenda isso: a mulher tem que deixar esse padrão do passado. E o homem diz a ela: "Você é ótima, porque dá à luz os filhos!" Isso é uma racionalização, uma consolação. Cuidado com esses truques. O homem explora a mulher de todas as formas possíveis, e está na hora de acabar com essa exploração.[3]

"Qual será o impacto sobre as mulheres libertadas de sua biologia?"

É uma grande oportunidade que está se tornando disponível para as mulheres, agora que elas estão livres da escravidão biológica. É claro que o homem sempre as elogiou pela grande criatividade em ter filhos. Mas que tipo de criança se produziu? Basta olhar ao redor do mundo: esses são seus filhos. E que criatividade! Todos os animais fazem isso, e talvez melhor do que o ser humano.

Sim, o homem dá à mulher muito apoio sobre isso: "Você é uma grande criadora, porque você gera uma criança." Foi realmente uma tarefa difícil do homem, e quis dizer que a mulher deve continuar a criar os filhos. E nos países pobres ainda acontece, pois ter 12 filhos não é raro. Algumas mulheres têm mais de uma dúzia...

Todas as religiões do mundo são contra os métodos de controle de natalidade, contra a pílula. Elas são contra o aborto. Isso significa que a mulher permanece na escravidão, em termos biológicos, e que suas energias continuam a criar apenas

---

[3] *Philosophia Ultima*, Capítulo 16.

pessoas medíocres, multidões para servirem nas forças armadas, nas marinhas, nas forças aéreas, para serem mortas e matarem, e, em sua maioria, para serem funcionários, enfermeiras, porteiros. O que se quer dizer com criatividade? A mulher criou um porteiro. É para se ter orgulho? Que orgulho pode ter uma mãe? Cada pai deveria se sentir envergonhado. O ser humano está criando como os animais.

A ciência deu a chance ao ser humano de sair da escravidão da biologia, ou seja, uma grande liberdade para que o sexo se torne, pela primeira vez, não um método reprodutivo biológico, mas pura diversão, puro prazer.

As pessoas me perguntam: se a energia das mulheres não é despejada na criação dos filhos, então, o que acontece com essa energia? Há milhares de maneiras de tornar este mundo mais belo. Tudo o que torne o mundo mais belo é criativo. A mulher pode fazer um paisagismo no jardim ao redor da sua casa. Pode fazer cruzamento de plantas, criar novas flores, que nunca existiram. E, é claro, elas vão propiciar novas fragrâncias, que a Terra nunca experimentou.

A mulher deve competir com os homens em todas as áreas. Tem que provar a ele que homem e mulher são iguais, e não pelo movimento feminista. É preciso que a mulher prove, através de ações, que é igual, talvez até superior... Esse movimento feminista gerou ódio em relação aos homens, mas isso não vai dar a igualdade à mulher. A igualdade tem que ser conquistada, tem que ser merecida.

Portanto, já que a pílula libertou a mulher da escravidão da biologia, agora ela é livre para usar sua energia. E a mulher tem um corpo mais delicado, um corpo mais flexível. Pode vir a ser uma dançarina melhor do que qualquer homem jamais conseguiu. O homem, por mais treinado que seja, é duro. Não é culpa dele, é a sua fisiologia que é dura. As mulheres podem vir a ser as melhores dançarinas do mundo.

A mulher tem uma grande imaginação, embora essa imaginação tenha permanecido limitada ao lar. A razão foram os filhos, e como as crianças a mantiveram em casa, por milhares de anos, isso se tornou praticamente uma segunda natureza. No entanto, eu não vejo nenhuma necessidade natural para que a mulher limite sua imaginação às paredes do lar.

As estrelas pertencem à mulher tanto quanto a qualquer homem. O nascer do sol e o pôr do sol também são posse das mulheres. Ela tem que abrir as asas, ser consciente. Tem que ampliar sua visão, sua imaginação, seu sonho, para além dos filhos. Neste momento, a mulher continua a pensar sobre o filho: "Ele deve se tornar um médico, ele deve se tornar um engenheiro, ele deve se tornar isso e aquilo."

Agora a mulher tem que se tornar o que ela costumava projetar por meio do filho. Tornar-se médica, tornar-se engenheira, tornar-se piloto. O que se imaginava por intermédio do filho... Por que não enfrentar a realidade diretamente, e ser ela mesma o que queria que o filho fosse? Não vejo nenhum problema nisso.

As mulheres são, em muitos aspectos, superiores aos homens, e sua superioridade pode ser usada para novas dimensões de criatividade...

O que o homem criou não é nada se a mulher entrar em campo com seu centramento, com seu equilíbrio, com seu contentamento, com seu amor. Portanto, ela deve se mover em qualquer direção que sinta ser satisfatória para si.

No dia em que as mulheres começarem a criar todos os tipos de coisas que os homens criaram até agora... Digo às mulheres que não há necessidade de pedir por igualdade, porque elas são o sexo superior, e, naturalmente, porque a natureza fez a mulher para criar filhos.

E agora, dado que a biologia já não tem mais poder sobre as mulheres, elas não devem perder sua energia sendo lésbicas.

Este é o momento de ser criativa em todos os campos, além de ser capaz de ter seus Picassos, seus Mozarts, seus Van Goghs, seus Shakespeares. Não há razão para não ser assim. Talvez um pouco melhor, um pouco mais suave, e sua escultura, certamente, será mais viva.

Existe apenas uma coisa em que as mulheres não vão conseguir ser iguais aos homens: nos músculos. E, por favor, lembrem-se de não tentar ser iguais nessa área. Deixem os homens serem superiores no que diz respeito a músculos, pois, se as mulheres começarem a ir para as academias e criarem corpos musculosos, vai ser o pior dia na história da humanidade.

Apenas fechando os olhos... se eu vir milhares de mulheres musculosas sentadas aqui, não vou mais voltar![4]

Se as mulheres forem líderes em política, líderes em ciência, líderes em poesia, em pintura, vão introduzir uma perspectiva totalmente nova para tudo. As mulheres devem ser professoras universitárias, educadoras, devem estar em toda parte.

Elas são metade do mundo, ou seja, possuem metade do mundo. E a minha experiência é que elas são extremamente capazes e confiáveis. Pode-se confiar mais nelas porque elas se relacionam com o outro não a partir da cabeça, mas do coração.[5]

Talvez uma das causas de as mulheres nunca terem sido criativas seja o fato de que não tiveram recursos para viver sozinhas nesta sociedade completamente organizada pelo homem. Uma mulher que vive sozinha está constantemente em perigo. Só recentemente é que algumas mulheres começaram suas carreiras como escritoras, como poetas, como pintoras. Isso porque é a primeira vez, apenas nestes últimos anos, que uma mulher é capaz de viver de forma independente, assim como um homem, e, mesmo assim, apenas em bem poucos

---

[4] *From Death to Deathlessness* [Da morte para a imortalidade], Capítulo 4.
[5] *O último testamento*, Volume 1, Capítulo 19.

lugares avançados, progressistas e vanguardistas. Depois, elas começam a pintar, começam a compor poesia, música...

Embora as mulheres tenham todos os talentos, por milhares de anos o seu sexo foi sua única criatividade e, quando toda a energia sexual estava envolvida na produção de filhos... Não dá para imaginar uma mulher que tenha 12 filhos e componha música, ou dá? Aqueles 12 instrumentos musicais fazendo tudo o que não é certo... E a mulher consegue compor música, poesia ou consegue pintar? Alguém acredita que esses 12 pintores vão ficar sentados em silêncio? Eles estarão pintando antes que ela pinte![6]

"Parece-me que as mulheres ocultam seus dons para proteger o orgulho masculino. É isso mesmo?"

Essa tem sido uma das maiores calamidades na história humana: como as mulheres nunca foram apreciadas por seus talentos, estes foram aos poucos reprimidos por elas. A mulher obtusa era mais apreciada, a mulher tola era mais apreciada. Ela precisava apenas ter um corpo bonito e proporcional e nenhuma mente, nada mais. Ela deveria ser uma vaca, sem inteligência, sem consciência penetrante. Isso era o esperado, senão o homem se sentiria embaraçado, magoado.

Assim, as mulheres aprenderam um truque ao longo dos séculos: o de que a regra do jogo é que a mulher não deve revelar seus talentos. Se ela é inteligente, deve fingir que é estúpida. Se ela é criativa, não deve criar nada. Ela deve limitar sua criatividade a pequenas coisas domésticas, a sala de estar e a cozinha, e coisas do tipo. Ela não deve fazer nada que possa ferir o ego do homem: não deve escrever poesia, não deve ser uma pintora, não deve esculpir, senão o homem se sente inferior.

---

[6] *From Ignorance to Innocence* [Da ignorância à inocência], Capítulo 6.

Esse ego masculino não permite que a mulher tenha algo a dizer... E ela tem algumas qualidades que o homem não tem e não consegue ter naquela proporção. Tudo o que é intuitivo é mais acessível às mulheres do que aos homens, e tudo o que é intelectual é mais acessível aos homens do que às mulheres. O homem valoriza a inteligência, naturalmente. Ele tem intelecto, portanto, valoriza isso, e condena a intuição, que ele chama de fé cega, bobagem, estupidez, superstição. Ele condena a intuição porque não a possui.

Na Idade Média, as mulheres que foram chamadas de bruxas, e foram queimadas, eram mulheres realmente muito perceptivas. O homem não podia tolerar isso, o sacerdote não podia tolerar. A Igreja toda permaneceu dominada pelos homens, toda a comunidade cristã é masculina. Nem uma única mulher está envolvida na Santíssima Trindade, a hierarquia inteira é masculina.

Não era realmente contra a bruxaria, era contra a mulher. Em algum momento, quando a história for escrita corretamente, vai ser revelado que o movimento não era contra a bruxaria. A bruxaria não tem nada a ver com isso, era o homem que estava contra a mulher. Era a inteligência contra a intuição, era a razão contra algo que é irracional, mas muito poderoso.

Essas bruxas foram queimadas, mortas, assassinadas, torturadas, e por medo, a mulher recuou diante do mundo e recolheu-se dentro de seu próprio eu. Ela ficou com medo! Se revelasse qualquer tipo de talento, era considerada bruxa. Se o homem mostrasse o mesmo tipo de talento, tornava-se um santo. Ele era adorado como um homem que fazia milagres, enquanto a mulher se tornava uma bruxa. A mulher estava nas mãos do demônio, e o homem era uma pessoa especialmente sancionada do próprio Deus... e era a mesma qualidade![7]

---

[7] *Far Beyond the Stars* [Muito além das estrelas], Capítulo 4.

O corpo

"Como encontrar o bem-estar?"

A primeira coisa é o corpo. O corpo é a base do ser humano, é o seu chão, é onde ele está enraizado. Ser antagônico com o próprio corpo é destruir a si próprio, é fazer com que seja esquizofrênico, é torná-lo infeliz, é criar o inferno. O ser humano é o corpo. É claro que ele é mais do que o corpo, mas esse "mais" seguirá mais tarde. Primeiro, o ser humano é o corpo.

O corpo é a sua verdade fundamental, por isso, nunca se deve estar contra o corpo. Sempre que o indivíduo está contra o corpo, está contra Deus. Sempre que é desrespeitoso com o corpo, está perdendo contato com a realidade, porque o corpo é o seu contato. Seu corpo é a sua ponte. Seu corpo é o seu templo.

O Tantra ensina reverência ao corpo, amor e respeito ao corpo, gratidão ao corpo. O corpo é maravilhoso. É o maior dos mistérios.

No entanto, o ser humano foi ensinado a ser contra o corpo. Por isso, às vezes, ele fica bastante encantado com a árvore, com a árvore verde, às vezes perplexo com a lua e com o sol, às vezes intrigado com uma flor, mas nunca com o próprio corpo.

E o corpo humano é o fenômeno mais complexo que existe. Nenhuma flor, nenhuma árvore tem um corpo tão bonito quanto o do homem. Nenhuma lua, nenhum sol, nenhuma estrela tem um mecanismo tão evoluído quanto o do homem.

Mas o ser humano foi ensinado a apreciar a flor, que é uma coisa simples. Foi ensinado a apreciar uma árvore, que é uma coisa simples. Foi até mesmo ensinado a apreciar pedras, rochas, montanhas, rios, mas nunca foi ensinado a respeitar o próprio corpo, a ficar encantado com ele. Sim, está muito próximo, por isso é muito fácil de esquecê-lo. É muito óbvio, por isso é fácil negligenciá-lo. Mas esse é o mais belo fenômeno.

Se alguém olhar para uma flor, vai dizer: "Que beleza estética!" E se olhar para um belo rosto de mulher, ou um belo rosto de homem, as pessoas vão dizer: "Isso é luxúria." Se for até a árvore, e ficar olhando em estado atordoado para ela, com os olhos bem abertos, com os sentidos bem abertos para permitir que a beleza dela penetre dentro de si, as pessoas vão pensar que ele é um poeta, um pintor ou um místico. No entanto, se for até uma mulher, ou um homem, permanecer ali com grande reverência e respeito, e olhar para a mulher com os olhos bem abertos e com os sentidos bebendo a beleza dela, a polícia vai agarrá-lo. Ninguém vai dizer que ele é um místico, um poeta, ninguém para valorizar o que estava fazendo. Algo deu errado.

Se uma pessoa for até um desconhecido na rua e disser "Que belos olhos você tem!", vai se sentir envergonhada, e o desconhecido vai se sentir envergonhado também. Ele não vai ser capaz de dizer "Obrigado" para a pessoa. Na verdade, vai se sentir ofendido. Vai se sentir ofendido, porque quem é aquela pessoa para interferir em sua vida privada? Como ela se atreve? Se alguém toca em uma árvore, ela fica feliz. Mas se alguém tocar em um homem, ele vai se sentir ofendido. O que deu errado? Algo foi muito danificado, e de forma muito profunda.

O Tantra ensina o ser humano a cultivar o respeito pelo corpo, o amor pelo corpo. O Tantra lhe ensina a olhar para o corpo como a maior criação de Deus. O Tantra é a religião do corpo. É claro que o Tantra é maior, mas nunca deixa o corpo, está enraizado lá. É a única religião realmente enraizada na terra, pois tem raízes. Outras religiões são árvores desenraizadas, ou seja, mortas, amorfas, moribundas, onde a essência não flui. O Tantra é realmente a essência, é muito vivo.

O Tantra confia no corpo. O Tantra confia nos sentidos humanos. O Tantra confia na energia humana. O Tantra confia no ser humano, em sua totalidade. O Tantra não nega nada, mas transforma tudo.

Como alcançar essa visão do Tantra? Esse é o mapa para o indivíduo se transformar, ir para dentro e ir para fora.

A primeira coisa é aprender a ter respeito pelo corpo, e desaprender todas as bobagens que lhe foram ensinadas sobre o corpo. Caso contrário, o indivíduo nunca vai se transformar, nunca irá para dentro e para fora, e nunca irá para o além. Deve começar do início. O corpo é seu início.

O corpo tem que ser liberto de muitas repressões. É necessário uma grande catarse para o corpo. O corpo tornou-se envenenado, porque o ser humano foi contra ele, reprimindo-o de diversas formas. O corpo existe em sua capacidade mínima, e é por isso que o indivíduo está infeliz. O Tantra diz: "A felicidade suprema só é possível quando você existe no ideal, nunca antes disso. A felicidade só é possível quando se vive intensamente. Como é possível alguém viver intensamente se for contra o próprio corpo?"

O indivíduo está sempre morno. O fogo esfriou. Ao longo dos séculos, o fogo foi destruído. O fogo tem que ser reaceso.

O Tantra diz: "Primeiro, purifique o corpo, purifique-o de todas as repressões. Permita que a energia do corpo flua, remova os bloqueios."

É muito difícil deparar com uma pessoa que não tenha bloqueios, é muito difícil deparar com uma pessoa cujo corpo não esteja tenso. Solte essa tensão, pois ela está bloqueando sua energia. O fluxo não pode ocorrer com essa tensão.

Por que todo mundo é tão nervoso? Por que as pessoas não podem relaxar? Já viu um gato dormindo, cochilando de tarde? Como o gato relaxa de forma simples e graciosa. O ser humano não consegue relaxar da mesma forma? Ele se debate e vira na cama, não consegue relaxar. E a beleza do relaxamento do gato é que ele relaxa totalmente e, no entanto, mantém-se completamente alerta. Um ligeiro movimento no ambiente e ele abrirá os olhos, e pulará e estará de prontidão. Não é que ele esteja simplesmente adormecido. O sono do gato é algo a ser aprendido, algo que o homem esqueceu.

O Tantra para aprendermos com os gatos, como eles dormem, como relaxam, como vivem de modo não tenso. E todo o mundo animal vive desse modo, não tenso. O homem tem que aprender isso, porque o homem foi condicionado de forma errada. O homem foi programado de forma errada.

Desde a infância o homem foi programado para ser tenso. Ele não respira por medo. As pessoas não respiram por medo da sexualidade, porque, quando respiram profundamente, a respiração vai exatamente até o centro do sexo e o atinge, massageia-o por dentro, excita-o. Em função de ter sido ensinado que o sexo é perigoso, a criança começa a respirar de uma forma superficial, mantendo a respiração apenas no peito. Nunca vai além disso, porque, se for, eis que surge a excitação de repente: a sexualidade é despertada, e surge o medo. No momento em que se respira profundamente, a energia do sexo é liberada.

A energia do sexo *tem* que ser liberada. Tem que fluir por todo o ser. Em seguida, o corpo vai se tornar orgástico. Mas com medo de respirar, tanto medo que quase metade dos pulmões está cheia de dióxido de carbono... Há 6 mil buracos nos pulmões e, normalmente, 3 mil nunca são limpos, e permanecem cheios de dióxido de carbono. É por isso que o indivíduo é lento, é por isso que ele não parece atento, é por isso que é difícil a conscientização. Não é por acaso que a Yoga e o Tantra ensinam respiração profunda, ou seja, *pranayama*, para descarregar o dióxido de carbono dos pulmões. O dióxido de carbono não foi feito para o ser humano e, portanto, tem que ser descartado continuamente. É preciso respirar ar fresco, ar novo, é preciso respirar mais oxigênio. O oxigênio vai criar o fogo interno, o oxigênio vai fazer com que o indivíduo fique em chamas. Além disso, o oxigênio vai inflamar a sexualidade. Assim, somente o Tantra pode permitir que se respire de forma bem profunda. Nem mesmo a yoga pode permitir que se respire bem profundamente...

Somente o Tantra permite o total ser e o total fluxo ao indivíduo. O Tantra lhe dá liberdade incondicional, independente do que o indivíduo seja e independente do que ele possa ser. O Tantra não lhe coloca limites, não define quem é ele, simplesmente lhe dá total liberdade. A questão é que, quando o indivíduo está totalmente livre, tudo é possível.

Esta tem sido a minha observação: a de que as pessoas que são sexualmente reprimidas se tornam pouco inteligentes. Apenas pessoas muito vivas sexualmente são pessoas inteligentes. Ora, a ideia de que o sexo é pecado deve ter danificado a inteligência, e deve ter danificado de forma muito séria. Quando o indivíduo está realmente fluindo, e sua sexualidade não apresenta luta nem conflito com ele, quando o indivíduo coopera com a sexualidade, sua mente vai funcionar no seu melhor. Ele vai ser inteligente, atento, vivo.

O corpo tem que ser ajudado, diz o Tantra.

Será que as pessoas, às vezes, tocam o próprio corpo? Será que elas sentem o próprio corpo, ou permanecem como se estivessem envoltas em uma coisa morta? Isso é o que acontece. As pessoas estão praticamente congeladas, carregando o corpo como um caixão. É pesado, obstrui, e não ajuda a pessoa a se comunicar com a realidade. Se ela permitir que a eletricidade do corpo flua para se mover do pé à cabeça, se permitir a liberdade total para a energia do corpo, ou seja, a bioenergia, ela vai se tornar um rio, e não vai sentir o corpo, de jeito nenhum. A pessoa vai se sentir praticamente sem corpo. Sem brigar com o corpo, ela se torna uma pessoa sem corpo. Ao brigar com o corpo, o corpo se torna um fardo. E ao carregar o corpo como um fardo, não consegue nunca chegar a Deus.

O corpo tem que se tornar leve, para que a pessoa praticamente comece a caminhar sobre a Terra, que é o modo de caminhar do Tantra. A pessoa é tão leve que não há gravidade, ela pode simplesmente voar. Mas isso é resultado de uma grande aceitação.

Vai ser difícil aceitar o próprio corpo. O indivíduo o condena, sempre encontra falhas nele. Nunca o aprecia, nunca o ama e, depois, quer um milagre: quer que alguém venha e ame o seu corpo. Se o próprio indivíduo não consegue amá-lo, então, como é que vai encontrar alguém que ame o seu corpo? Se o próprio indivíduo não consegue amá-lo, ninguém vai amar o seu corpo, porque a sua vibração vai repelir as pessoas.

Uma pessoa se apaixona por outra pessoa, que ama a si mesma, nunca o contrário. O primeiro amor tem que ser para si mesmo, e é só a partir desse centro que podem surgir outros tipos de amor. A pessoa não ama o seu corpo. E o esconde de mil e uma maneiras: esconde o cheiro do seu corpo, esconde o seu corpo com roupas, esconde seu corpo com ornamentos. Tenta criar alguma beleza que sente continuamente que está faltando e, com esse esforço todo, acaba se tornando artificial.

Agora pense em uma mulher com batom nos lábios... é pura feiura. Os lábios devem ser vermelhos de vivacidade, não devem ser pintados. Devem estar vivos de amor, devem estar vivos porque a mulher está viva. Ora, basta pintar os lábios... E ela acha que está se embelezando. Somente as pessoas que são muito conscientes de sua feiura vão aos salões de beleza, senão não haveria necessidade. Será que alguém já deparou com um pássaro feio? Será que alguém já deparou com um cervo feio? Isso nunca acontece. Eles não frequentam nenhum salão de beleza, e não consultam especialistas. Simplesmente aceitam a si mesmos e são belos em sua aceitação. Nessa mesma aceitação eles regam de beleza a si mesmos.

No momento em que a pessoa se aceita, ela se torna bonita. Quando estiver satisfeita com o próprio corpo, os outros também vão se encantar por ela. Muitas pessoas vão se apaixonar por ela, porque ela própria está apaixonada por si mesma. No entanto, se a pessoa está com raiva de si mesma, sabe que está feia, que está repulsiva, horrível. Essa ideia vai repelir os outros, essa ideia não vai ajudá-los a se apaixonarem por ela, e vai mantê-los longe. Mesmo que eles estejam mais próximos dela, no momento em que sentem sua vibração, eles se afastam.

Não há necessidade de perseguir ninguém. A perseguição surge apenas quando a pessoa não tem amor-próprio. Caso contrário, as pessoas vêm. Torna-se praticamente impossível para os outros não se apaixonarem pela pessoa que está apaixonada por si mesma.

Por que tantas pessoas foram a Buda, por que tantas pessoas foram a Jesus? Esses indivíduos eram apaixonados por si mesmos. Tinham um amor tão grande e estavam tão encantados com o seu ser que era natural que todo aquele que passasse fosse atraído por eles. Eles atraíam como um ímã. Eles eram encantados com o seu próprio ser... Como alguém poderia evitar aquele encantamento? O simples fato de estar lá já era um grande êxtase.

O Tantra ensina a primeira coisa: seja amoroso com o próprio corpo, proteja o seu corpo, reverencie o seu corpo, respeite o seu corpo, cuide do seu corpo, pois é uma dádiva de Deus. Trate-o bem, e ele vai lhe revelar grandes mistérios. Todo o crescimento depende de como a pessoa se relaciona com seu corpo.

E, depois, a segunda coisa dita pelo Tantra é sobre os sentidos. Mais uma vez, as religiões são contra os sentidos. Elas tentam entorpecer os sentidos e a sensibilidade. E os sentidos são as portas da percepção, os sentidos são as janelas para a realidade. Para que serve o seu olho? Para que servem as suas orelhas? Para que serve o seu nariz? Janelas para a realidade, janelas para Deus. Se a pessoa vê corretamente, vai ver Deus em todo lugar. Portanto, os olhos não devem estar fechados, os olhos têm que estar abertos corretamente. Os olhos não devem ser destruídos. As orelhas não devem ser destruídas, porque todos esses sons são divinos.

Os pássaros estão cantando mantras. As árvores estão dando sermões em silêncio. Todos os sons são Dele, e todas as formas, são Dele. Portanto, se a pessoa não tem sensibilidade em si, como vai poder conhecer Deus? E tem que ir a uma igreja, a um templo para encontrá-lo... e Ele está em todo lugar. As pessoas vão encontrar Deus em um templo feito pelo homem, em uma igreja feita pelo homem? O homem parece ser tão estúpido! Deus está em todo lugar, vivo e atuante por toda parte. Mas para isso é preciso ter sentidos limpos, sentidos purificados.

Portanto, o Tantra ensina que os sentidos são as portas da percepção. Essas portas ficaram sem brilho. É preciso abandonar essa apatia, os sentidos têm que ser limpos. Os sentidos da pessoa estão como um espelho que ficou embaçado porque juntou muita poeira nele. A poeira tem que ser removida.

Dê uma olhada na abordagem do Tantra em relação a tudo. Outros dizem: "Entorpeça seus sentidos, mate o seu paladar!" E o Tantra diz: "Prove Deus em todos os sabores." Outros dizem: "Mate sua capacidade de tocar." E o Tantra diz: "Flua totalmente em seu toque, porque tudo o que você toca é divino." É uma inversão total das assim chamadas religiões. É uma revolução radical, a partir das próprias raízes.

Toque, cheire, saboreie, veja, ouça de modo pleno tanto quanto possível. Vai ser preciso aprender a linguagem, porque a sociedade iludiu o ser humano, e o fez esquecer.

Cada criança nasce com belos sentidos. Basta observar uma criança. Quando olha para alguma coisa, ela fica completamente absorta. Quando brinca com seus brinquedos, fica totalmente absorta. Quando olha, trabalha apenas os olhos. Olhe para os olhos de uma criança. Quando ouve, trabalha apenas os ouvidos. Quando come alguma coisa, concentra-se apenas na língua. Ela trabalha apenas o paladar. Veja uma criança comendo uma maçã. Com que entusiasmo! Com uma energia enorme! Com que deleite! Veja uma criança correndo atrás de uma borboleta no jardim... tão absorta que, mesmo que Deus estivesse disponível, Ele não correria daquela forma. Em estado meditativo tão grande, sem nenhum esforço. Observe uma criança pegando conchas na praia, como se estivesse coletando diamantes. Tudo é precioso quando os sentidos estão vivos. Tudo fica claro quando os sentidos estão vivos.

Mais tarde na vida a mesma criança vai olhar para a realidade como se estivesse oculta por um vidro escuro. Muita fumaça e muita poeira se acumularam no vidro, e ela estará atrás dele, olhando para fora. Devido a isso, tudo parece amorfo e morto. Ela olha para a árvore, que lhe parece amorfa, pois seus olhos estão apáticos. Ela ouve uma música, mas não há atrativo nela, porque seus ouvidos estão entorpecidos. Pode chegar a ouvir um Buda, mas não vai ser capaz de apreciá-lo, porque sua inteligência está entorpecida.

O ser humano precisa recuperar a linguagem esquecida. Sempre que tiver tempo, deve se envolver mais com os seus sentidos. Ao comer, não apenas coma. Tente aprender a linguagem esquecida do paladar novamente. Toque o pão, sinta a textura dele. Sinta com os olhos abertos, sinta com os olhos fechados. Enquanto mastiga, mastigue-o, pois está mastigando Deus. Lembre-se! Será um desrespeito não mastigar bem, não saborear bem. Que seja uma oração. Essa é uma forma de as pessoas darem início ao nascer de uma nova consciência dentro de si. Elas vão aprender o caminho da alquimia do Tantra.

Toque mais as pessoas. O ser humano tornou-se muito desconfiado em relação ao toque. Se uma pessoa está falando com ele e chega muito perto, ele começa a se mover para trás. Ele protege seu território. Não toca nas pessoas e não permite que os outros o toquem. Não fica de mãos dadas, não abraça. Não desfruta o ser dos outros.

Vá até a árvore, toque a árvore. Toque a pedra. Vá até o rio, deixe o rio fluir por suas mãos. Sinta-o! Nade, sinta a água como o peixe a sente. Não perca nenhuma oportunidade de reviver seus sentidos. E há mil e uma oportunidades o dia todo. Não há necessidade de ter algum tempo reservado para isso. O dia todo é um aprendizado para a sensibilidade. Use todas as oportunidades. Quando estiver no chuveiro, use as oportunidades, sinta o toque da água caindo sobre seu corpo. Deite-se no chão, nu, sinta a terra. Deite-se na praia, sinta a areia. Ouça os sons da areia, ouça os sons do mar. Use todas as oportunidades, pois só assim será possível aprender a linguagem dos sentidos novamente. O Tantra só pode ser compreendido quando o corpo está vivo e os sentidos são capazes de sentir.

Liberte os seus sentidos a partir dos hábitos. Os hábitos são uma das causas da apatia. Descubra novas maneiras de fazer as coisas. Invente novas maneiras de amar. As pessoas têm muito receio. As pessoas fixam hábitos. Mesmo ao fazerem amor, fazem-no sempre na mesma posição, a "postura do missionário". Descubra novas maneiras de sentir.

Cada experiência tem que ser criada com grande sensibilidade. Quando se faz amor com uma mulher, ou com um homem, deve-se fazer disso uma grande celebração. E, a cada vez, trazer alguma criatividade para o acontecimento. Às vezes, pode-se dançar antes de fazer amor. Outras vezes, pode-se orar antes de fazer amor. Outras vezes, ainda, pode-se correr para a floresta, e lá fazer amor. Algumas vezes, pode-se nadar e, depois, fazer amor. Assim, cada experiência de amor propiciará cada vez mais sensibilidade, e o amor nunca vai ficar tedioso, chato.

É preciso descobrir novas maneiras de explorar o outro. Não se deve fixar-se em rotinas. Todas as rotinas são antivida. As rotinas estão a serviço da morte. Além disso, as pessoas podem sempre inventar, uma vez que não há limites para invenções. Às vezes, uma pequena mudança já proporciona um imenso benefício. Por exemplo: as pessoas sempre comem à mesa. Às vezes, basta ir até o gramado, sentar-se e comer ali. E vão ficar bastante surpresas por ser uma experiência completamente diferente. O cheiro da grama recém-cortada, os pássaros saltitando em volta e cantando, o ar fresco, os raios de sol, e a sensação da grama molhada por baixo. Não pode ser a mesma experiência de quando se senta em uma cadeira e se come à mesa. É uma experiência totalmente diferente. Todos os ingredientes são diferentes.

Tente, algumas vezes, simplesmente comer nu. Você vai se surpreender. Basta uma pequena mudança. Embora não seja nada demais estar sentado nu, vai propiciar uma experiência totalmente diferente, pois algo novo foi adicionado a ela. Se for seu costume comer com colher e garfo, procure comer com as mãos às vezes, e terá uma experiência diferente. O tato vai trazer algum calor novo à comida. Uma colher é um objeto inanimado. Quando as pessoas comem com uma colher, ou com um garfo, elas estão longe. Esse é o mesmo receio de tocar em qualquer coisa, nem mesmo a comida pode ser tocada. Dessa forma, perde-se a textura, o toque, a sensação que ela proporciona. A comida tem tanto o sentido do tato quanto o do paladar.

Muitos experimentos foram feitos no Ocidente com pessoas que, no momento em que desfrutavam de qualquer coisa, não estavam cientes de muitas das coisas com as quais contribuíam para a experiência. Por exemplo, basta fechar os olhos e tapar o nariz e, depois, comer uma cebola. Peça a alguém para lhe dar algo sem saber do que se trata, se uma cebola ou uma maçã. Vai ser difícil descobrir a diferença, se o nariz estiver completamente tapado e os olhos estiverem fechados, vendados. Vai ser impossível decidir se é uma cebola ou uma maçã, porque o sabor não é apenas o sabor, 50% disso vêm do nariz. E grande parte vem dos olhos. Não é apenas paladar, todos os sentidos contribuem. Quando se come com as mãos, o toque contribui. Será mais saboroso. Será mais humano, mais natural.

Descubra novas maneiras em tudo.

O Tantra diz: se puder sair em busca de novos caminhos todos os dias, sua vida vai ser uma emoção, uma aventura. Você nunca ficará entediado. Uma pessoa entediada é uma pessoa sem religião. Você estará sempre curioso de saber, estará sempre pronto para buscar o desconhecido e o que não lhe é familiar. Os olhos vão ficar limpos, e os sentidos vão permanecer limpos, porque, quando se está pronto para buscar, explorar, descobrir, pesquisar, não se pode tornar-se enfadonho, se tornar estúpido.

Os psicólogos dizem que, com 7 anos de idade, começa a estupidez. Começa por volta dos 4 anos, mas aos 7 fica bastante aparente. As crianças começam a ficar estúpidas aos 7. Na verdade, a criança aprende 50% de todos os ensinamentos de sua vida toda quando tem 7 anos. Se viver até os 70, significa que, durante os 63 anos restantes, o indivíduo vai aprender apenas 50%, pois os outros 50% já aprendeu. O que acontece? A criança torna-se enfadonha, deixa de aprender. Em termos de inteligência, aos 7 anos, a criança começa a envelhecer. Fisicamente, ela vai envelhecer mais tarde, vai começar a declinar a partir dos 35 anos. No entanto, mentalmente, ela já está em declínio.

É de surpreender saber que a idade mental do ser humano, a idade mental média, é de 12 anos. As pessoas não crescem acima disso, elas ficam presas nessa idade. É por esse motivo que se vê tanta infantilidade no mundo. Basta insultar uma pessoa de 60 anos para que em alguns segundos ela se transforme em uma criança de 12. E é capaz de se comportar de tal forma que pode ser difícil acreditar que uma pessoa adulta possa ser tão infantil.

As pessoas estão sempre prontas para retroceder. A idade mental é apenas superficial, fica escondida atrás. É só arranhar um pouco e a idade mental vem para fora. A idade física não tem muita importância. As pessoas morrem infantis, pois nunca crescem.

O Tantra diz: aprenda novas maneiras de fazer as coisas e liberte-se dos hábitos o máximo possível. E também diz: não imite, senão os sentidos vão se tornar enfadonhos. Não imite. Descubra formas de fazer as coisas à sua própria maneira. Tenha sua assinatura em tudo o que você faz.

Ouvi dizer que o mulá Nasrudin tinha um papagaio excitado. O papagaio vivia dizendo coisas sujas, especialmente sempre que havia um convidado, e o mulá estava muito preocupado. Aquilo estava ficando terrível. Finalmente, alguém lhe sugeriu que o levasse ao veterinário.

Assim, o mulá levou o papagaio ao veterinário. O veterinário examina o papagaio exaustivamente e diz:

– Bem, Nasrudin, você tem um papagaio excitado. Tenho um pássaro fêmea, doce, jovem. Por 15 rupias seu pássaro poderá entrar na gaiola com o meu pássaro.

O papagaio do mulá está na gaiola ouvindo.

– Deus, não sei... Quinze rúpias? – respondeu o mulá.

– Vamos, vamos, Nasrudin. Que diabos! – insistiu o papagaio.

– Tudo bem – disse o mulá, enfim, e deu ao veterinário as 15 rúpias.

O veterinário pega o pássaro, coloca-o na gaiola com o pássaro fêmea e fecha a cortina. Os dois homens se retiram e sentam-se. Há um momento de silêncio, depois, de repente: "Qua! Qua! Qua!" Penas saem voando por cima da cortina.

– Minha nossa! – grita o veterinário, que se apressa e abre a cortina.

O macho mantém a fêmea para baixo sobre o fundo da gaiola com uma garra e, com a outra, ele está arrancando todas as penas da fêmea e gritando de prazer:

– Por 15 rupias eu quero você nua, nua!

Então, ao ver o veterinário e o seu mestre, o mulá Nasrudin, o papagaio grita de prazer mais uma vez e diz:

– Ei, Nasrudin, não é dessa maneira que você também gosta das suas mulheres?

Até mesmo um papagaio pode aprender a maneira de agir dos humanos, pode adotar um comportamento imitativo, pode se tornar neurótico. A única maneira de ser normal no mundo é ser uma pessoa única, autenticamente única. É preciso que cada um seja seu próprio ser.

Assim, a primeira coisa que o Tantra diz é que o corpo deve ser purificado de repressões.

A segunda é que os sentidos têm que retornar ao estado vivo novamente.

A terceira é que a mente tem que abandonar o pensamento neurótico, o pensamento obsessivo, e tem que aprender os caminhos do silêncio.

Sempre que possível, relaxe. Sempre que possível, coloque a mente de lado. Agora você vai dizer: "É fácil falar, mas como colocar a mente de lado? Ela segue sem parar." Há uma maneira.

O Tantra diz: observe essas três consciências. Consciência 1: deixe a mente correr, deixe a mente ser preenchida com pensamentos, e apenas observe, sozinho. Não há necessidade de se preocupar com isso, apenas observe. Apenas seja o observador e, aos poucos, verá que as lacunas silenciosas começam a chegar até você. Em seguida, consciência 2: quando tiver consciência de que as lacunas começaram a chegar, conscientize-se do observador. Agora, observe o observador e, em seguida, novas lacunas vão começar a surgir. O observador vai começar a desaparecer, assim como os pensamentos. Um dia, o pensador também começa a desaparecer. Então surge o verdadeiro silêncio. Com a consciência 3, tanto o objeto quanto o sujeito já se foram, e você entrou no além.

Quando essas três consciências são alcançadas, ou seja, o corpo purificado de repressões, os sentidos livres do tédio e a mente liberta do pensamento obsessivo, surge uma visão livre de toda ilusão no interior do indivíduo, que é a visão do Tantra.[1]

"Eu não gosto de mim mesma, especialmente do meu corpo!"

Todos têm determinada ideia sobre como o corpo deve ser e, aquele que tem alguma concepção específica, vai ser infeliz. O corpo é como deve ser. Aquele que tiver alguma concepção tende a cair no sofrimento. Portanto, ele tem que abandonar essa concepção.

Este é o corpo que o ser humano tem, este é o corpo que Deus lhe deu. Use-o... aprecie-o! E ao começar a amá-lo, vai descobrir que ele está mudando, pois se a pessoa ama seu corpo, começa a ter cuidados, e cuidado é tudo o que importa. Sendo assim, não deve entupi-lo com alimento desnecessário, uma vez que se importa. Também não deve fazê-lo passar fome, uma vez que se importa. A pessoa passa a ouvir as exigências do corpo, passa a ouvir suas insinuações, ou seja, o que ele quer, quando ele quer.

Quando se importa, quando ama, a pessoa entra em sintonia com o corpo, e o corpo fica equilibrado automaticamente.

Se a pessoa não gosta do corpo, ela vai criar um problema. Aos poucos, a pessoa vai se tornar indiferente ao corpo, negli-

---

[1] *Tantric Transformation* [Transformação tântrica], Capítulo 7.

gente em relação ao corpo, porque, quem é que se preocupa com o inimigo? Ela não só não vai olhá-lo com cuidado como também vai evitá-lo. Vai parar de ouvir suas mensagens e, depois, vai odiá-lo mais ainda.

E *ela* está criando o problema todo. O corpo nunca cria qualquer problema, é a mente que cria problemas. Ora, esta é uma concepção da mente. Nenhum animal sofre de nenhuma concepção sobre o corpo, nenhum animal... nem mesmo o hipopótamo! Ninguém sofre. Eles são perfeitamente felizes, porque não existe mente alguma para criar uma concepção, pois, do contrário, o hipopótamo poderia pensar: "Por que sou assim?" Não há nenhum problema nele.

Deve-se simplesmente abandonar o ideal. É preciso amar o próprio corpo, pois este é o seu corpo, é uma dádiva de Deus. Tem que apreciá-lo e tem que cuidar dele. Quando a pessoa cuida do corpo, ela se exercita, come, dorme. Toma todos os cuidados, porque este é o seu instrumento, assim como o carro que se lava, que se escuta, cada barulho, para saber se tem algo de errado. Cuida até mesmo de um arranhão sofrido no corpo. Basta tomar cuidado com o corpo, e ele será perfeitamente belo. É isso mesmo! Trata-se de um mecanismo tão belo, tão complexo, e ainda trabalha de forma tão eficiente que continua em funcionamento por cerca de setenta anos. Independentemente de estar adormecido ou desperto, consciente ou inconsciente, o mecanismo continua funcionando, e o funcionamento é muito silencioso. Mesmo sem o cuidado da pessoa, o mecanismo continua em funcionamento, e prossegue fazendo o serviço para ela. Todos devem ser gratos ao corpo.

É só mudar de atitude e em seis meses será possível ver que o corpo mudou sua forma. É praticamente como quando um homem se apaixona por uma mulher e percebe que ela se torna bonita de imediato. Ela pode não ter se preocupado com o próprio corpo até esse momento, mas quando o homem se apaixona por ela, ela começa a se cuidar. Fica diante do espelho por horas... porque alguém a ama! O mesmo acontece quando a pessoa passa a amar o próprio corpo, ou seja, vai perceber que o corpo começou a mudar. Ele é amado, é cuidado, é necessário. É um mecanismo muito delicado e, apesar disso, as pessoas usam-no de forma muito bruta, muito violenta. É só mudar de atitude e você verá![2]

"Sou muito feia, sofro muito por causa disso. O que devo fazer?"

Feiura não tem nada a ver com o corpo. Nem mesmo a beleza tem muito a ver com o corpo. A beleza ou a feiura do corpo é muito superficial, o real vem de dentro. Se for capaz de se tornar bonito por dentro, vai se tornar luminoso. Já aconteceu diversas vezes de até mesmo uma pessoa feia, ao se tornar meditativa, começar a parecer bonita.

Vejo isso constantemente, ano após ano. Quando as pessoas vêm aqui, elas têm feições totalmente diferentes. Quando começam a meditar, quando começam a dançar, suas feições relaxam. As tensões se vão. O sofrimento, que tinha se apossado de suas faces, desaparece gradualmente. Ficam relaxadas como crianças. Suas faces passam a brilhar com uma nova alegria interior, tornam-se luminosas.

A beleza física não é muito importante. O que importa é o interior. Eu posso ensinar às pessoas a serem bonitas por dentro, e é essa a beleza verdadeira. Uma vez que esteja lá, a forma física da pessoa não importa muito. Os olhos vão passar a brilhar de alegria, a face vai ter um brilho, um esplendor. A forma vai se tornar irrelevante. Quando alguma coisa começa a fluir

---

[2] *Hallelujah!* [Aleluia!], Capítulo 31.

por dentro, algum encanto, a forma exterior é deixada de lado. Em termos comparativos, a forma perde todo o significado: não se preocupe com isso.

Medite, ame, dance, cante, celebre, e a feiura desaparecerá. Traga algo maior para dentro de si, e a menor vai ser esquecida, pois tudo é uma questão de comparação, tudo é relativo. Se puder, traga algo maior para dentro de si. É como se houvesse uma pequena vela acesa na sala e alguém entrasse com uma luz mais potente, a pequena vela simplesmente perderia todo o significado.

Traga a beleza de dentro, que é mais fácil. Com a outra beleza, eu não posso ajudar muito, não sou um cirurgião plástico. É possível que se encontre um cirurgião plástico que possa ajudar na beleza externa, mas isso não vai ajudar, de maneira alguma. Pode ser que alguém tenha o nariz um pouco mais longo, mais bem-delineado, mas isso não ajudará muito. Se permanecer o mesmo por dentro, a beleza externa vai simplesmente revelar sua feiura interior, e isso se tornará um contraste.

Traga um pouco da beleza interior.[3]

Denise sentia-se muito desconfortável com seu rosto. "Sou feia", dizia quando se olhava no espelho. "Meu nariz é torto, meu queixo é pequeno, minhas orelhas são de abano e tenho bolsas sob os olhos."

Desesperada, foi a um cirurgião plástico e deu uma ajeitada no rosto. O queixo foi reforçado, o nariz, remodelado, as orelhas, ajustadas, as bolsas sob os olhos, removidas. Após meses de sofrimento, o calvário finalmente terminou. Ela agora era capaz de encarar os amigos, mas ainda ficava chateada consigo mesma.

Um dia, sua amiga Joan olhou para ela com espanto.

– Não sei por que você parece tão triste. Você agora tem o rosto de uma estrela de cinema.

---

[3] *Unio Mystica* [União mística], Volume 1, Capítulo 4.

– Eu sei – soluçou Denise. – Mas agora o meu rosto não combina com o meu corpo velho.[4]

Uma menina muito feia estava sentada na praia quando as ondas trouxeram uma garrafa até seus pés. Ela a abriu, e da garrafa saiu um gênio enorme em uma onda de fumaça.

– Fui prisioneiro nesta garrafa por 5 mil anos – gritou o gênio –, e agora você me libertou. Como recompensa, vou satisfazer qualquer desejo seu.

Em êxtase, a menina feia anunciou:

– Quero ter um corpo como o de Sophia Loren, um rosto como o de Elizabeth Taylor e as pernas como as de Ginger Rogers.

O gênio olhou-a com cuidado, depois suspirou:

– Querida, me coloca de volta na garrafa.[5]

"Parece um infortúnio que a existência tenha dado à mulher essa coisa chamada menstruação todo mês. É uma dessas coisas que toda mulher sabe que está vindo e tem consciência de todas as emoções e maluquices que vêm com ela. E, ainda assim, é a coisa mais difícil de observar e com a qual não se identificar, pelo menos para mim. Curiosamente, até os homens parecem se envolver e se identificar com isso, quando estamos nesse período. Como podemos observar algo que é uma parte tão intrínseca da nossa biologia?"

A arte da observação é a mesma, tanto quando a pessoa está observando algo externo a ela como quando está observando algo em sua própria biologia, que também está fora dela.

---

[4] *Unio Mystica*, Volume 2, Capítulo 4.

[5] *Êxtase – a linguagem esquecida*, Capítulo 3.

Eu sei que é difícil, porque a mulher está mais identificada com ela, e está tão próxima dela. Mas o problema não é a observação, o problema é a identificação. Essa identificação deve ser quebrada.

Quando sentir que sua menstruação está para chegar, tente observar, tente ver o que está trazendo junto com ela, como raiva, depressão, ódio, uma tendência a querer brigar, e a ter acessos de ira. Apenas observe. E não só observe, mas diga ao homem que ama: "Isto virá de dentro de mim. Vou tentar o meu melhor para ficar alerta, mas, se eu me identificar, você não precisa se envolver nisso, você pode simplesmente observar. Você está longe e fora disso."

E o homem consegue saber que a mulher menstruada está em dificuldade. Ela precisa da compaixão dele.

E o mesmo deve ser feito pela mulher, porque as pessoas podem não saber, mas o homem também tem esse período todo mês. Como não tem uma expressão física, por séculos ninguém percebeu que o homem também passa pelo mesmo ciclo. Ele tem que passar, pois homens e mulheres são partes de um todo. O homem também, durante quatro ou cinco dias por mês, entra em um buraco negro. A mulher pelo menos pode jogar toda a responsabilidade na menstruação. O homem não pode nem mesmo fazer isso, porque sua menstruação é apenas emocional. Embora ele passe pelas mesmas emoções que a mulher, em função de não haver expressão física, ninguém nunca sequer pensou sobre isso. Agora, porém, é sabido que ele passa todo mês pela mesma situação que a mulher. Portanto, ele não é superior neste sentido, e ela não é desafortunada em relação a ele.

A dificuldade surge quando a mulher ama o homem e vive com ele por tanto tempo que, aos poucos, os ritmos do corpo dos dois tornam-se harmoniosos. Assim, quando ela menstrua, ele também menstrua. Isso cria um problema de fato, pois ambos ficam em um buraco negro, ambos ficam depressivos, ambos ficam tristes, ambos ficam desesperados. E um joga a responsabilidade no outro.

O homem tem que descobrir quando está no período. Uma maneira de descobrir é anotar na agenda, todo dia, como o período se desenrola. Com isso, ele vai descobrir um bloco de cinco dias em que esteve continuamente depressivo, de mau humor e pronto para brigar. Ao observar por dois ou três meses, e anotar na agenda, vai chegar a uma conclusão absoluta: de quais são os cinco dias. Ele deve então fazer com que sua mulher tome conhecimento: "Estes são os meus cinco dias."

Se eles são diferentes dos da sua mulher, é bom, é uma sorte, porque o problema será apenas pela metade. Assim, o homem pode observar quando a mulher tem acessos de raiva e faz todos os tipos de coisas estúpidas. Ele não precisa participar, não precisa responder, não precisa reagir. Ele deve pegar leve e dar à mulher a chance de ver que ele está pegando leve, o que significa "Eu devo estar alerta".

No entanto, se esses períodos coincidem, é uma verdadeira calamidade. Mas então, da mesma forma, os dois podem estar alertas. A mulher pode ver que o homem também está passando pelo período menstrual e que não é bom jogar nada mais em cima do pobre rapaz, da mesma forma que ele pode compreender que ela também está passando por esse período e que "é bom manter a minha carga para mim mesmo".

Basta ficar atento.

Em breve haverá uma possibilidade... Eram realmente as religiões do mundo que estavam impedindo isso, pois, se não fossem elas, o período menstrual poderia já ter desaparecido, e o das mulheres mais facilmente do que o dos homens. Para a mulher que toma pílula, talvez ele possa desaparecer. Para muitas mulheres a pílula é uma coisa perfeita, pois o período menstrual desaparece. Portanto, não há nenhum problema, a mulher pode tomar pílula. E há apenas alguns dias ouvi dizer que foi descoberta uma pílula para o homem também, então ele também pode tomar pílula.

Mas isso só vai mudar sua situação biológica. O que é mais importante é estar consciente. Para aquele que conseguir ficar atento à situação e não se identificar será muito mais significativo.

A pílula vai tirar a dor física. E eu sou totalmente a favor disso. Não há por que sofrer alguma dor física desnecessariamente, uma vez que possa ser aliviada. Portanto, encontre uma pílula e esqueça o físico, o sofrimento biológico. E atente para o que se pode praticar de mil outras maneiras. Não é preciso ter sofrimento corporal, dor física de forma desnecessária. Talvez a pílula possa aliviar a menstruação. Sem dúvida, pode evitar que a mulher engravide, o que é uma bênção, pois o mundo não precisa de mais população.

Mas, enquanto isso, procure ficar atento.[6]

"Quando estou menstruada, sempre enlouqueço. Da última vez, quebrei algumas coisas em casa. Por que sempre me sinto tão destrutiva durante o meu período menstrual?"

Sentir-se selvagem não é ruim, mas quebrar qualquer coisa não é bom. Sempre que se sentir selvagem, dance de forma selvagem, mas nunca destrua nada. Pode não ser um problema se for apenas um pote, por exemplo, mas a própria ideia de destruição é ruim. Isso provoca na pessoa uma atitude destrutiva em relação à vida. E o pote é apenas uma desculpa. Na verdade, a pessoa gostaria de destruir coisas mais valiosas, até mesmo relacionamentos valiosos, pessoas... Mas não pode destruir

---

[6] *The Transmission of the Lamp* [A transmissão da lâmpada], Capítulo 8.

tanto assim, não pode suportar, então quebra o pobre pote, e ele não fez nada!

Para muitas mulheres, os dias de menstruação são um pouco destrutivos, e a razão é totalmente biológica. É preciso compreender e ficar um pouco alerta e atenta, de modo que possa elevar-se um pouco acima da biologia, senão fica nas garras dela.

Se a mulher está grávida, a menstruação para, porque a mesma energia que foi liberada no período de menstruação começa a ser criativa: ela cria a criança. Quando a mulher não está grávida, todo mês a energia se acumula e, se não pode ser criativa, então se torna destrutiva. Portanto, quando uma mulher está menstruada, durante aqueles quatro ou cinco dias ela tem uma atitude muito destrutiva, porque não sabe o que fazer com a energia. E embora a energia vibre, e fique rondando o núcleo mais profundo do seu ser, a mulher não consegue ter nenhuma criatividade para ela.

Toda a energia criativa pode se tornar destrutiva, e toda energia destrutiva poderia se tornar criativa. Por exemplo, Hitler. Ele quis ser um pintor, no início, mas não lhe foi permitido. Ele não conseguiu passar no exame e entrar para a escola de arte. O homem que poderia ter sido um pintor tornou-se um dos indivíduos mais destrutivos do mundo. Com a mesma energia, ele poderia ter se tornado um Picasso. E uma coisa é certa: ele tinha energia. A mesma energia poderia ter sido infinitamente criativa.

Normalmente, as mulheres não são destrutivas. No passado, nunca foram destrutivas, porque estavam grávidas o tempo todo. Nascia uma criança e, em seguida, elas estavam grávidas de novo. Nascia outra criança e, novamente, elas ficavam grávidas. Durante a vida inteira elas usavam sua energia.

Agora, pela primeira vez no mundo, surge um novo perigo, que é a destruição provocada pelas mulheres. Isso porque, agora, não há nenhuma necessidade para que elas fiquem grávidas continuamente. Na verdade, a gravidez está praticamente fora de moda. Mas a energia está lá.

Vejo uma profunda ligação entre os métodos de controle de natalidade e o movimento feminista. As mulheres estão se tornando destrutivas e estão destruindo a vida familiar, seus relacionamentos. Pode ser que estejam tentando racionalizar isso de muitas maneiras, mas estão tentando se libertar da escravidão. Na verdade, é uma fase destrutiva. Elas têm a energia, e não sabem o que fazer com ela. Os métodos de controle de natalidade interditaram a canalização criativa delas. Portanto, se alguns canais não forem abertos para elas, as mulheres vão se tornar muito destrutivas.

No Ocidente, a vida familiar quase desapareceu. Há conflitos constantes, brigas e discussões contínuas, e as pessoas são desagradáveis umas com as outras. E embora ninguém compreenda qual seja a razão, trata-se de um problema biológico.

Portanto, sempre que a mulher sente que a menstruação está chegando, deve ficar mais alerta e, antes que ela comece, deve fazer a dança selvagem.

O ser humano pode ir além da natureza, porque também tem uma natureza superior. Pode-se ir além da biologia, e tem-se que ir, senão fica-se escravo dos hormônios! Portanto, sempre que a mulher se sentir destrutiva, deve começar a dançar.

O que estou dizendo é que a dança vai absorver a energia da mulher. Ela faz o oposto. Diz que gosta de descansar e de ficar sem fazer nada durante esses dias, mas é preciso fazer alguma coisa, qualquer coisa, como, por exemplo, uma longa caminhada, porque a energia precisa ser liberada. Após compreender a situação, e depois de saber que a dança relaxa completamente, esses quatro dias de menstruação vão ser os mais agradáveis, porque a mulher nunca mais terá tanta energia como então.[7]

"Você pode comentar algo sobre a menopausa das mulheres?"

Os tempos de mudança chegam à vida de cada uma das pessoas, e uma das melhores coisas a ser lembrada é que, quando a pessoa muda um determinado padrão de vida, tem que mudar naturalmente. Não está em suas mãos

A biologia torna a mulher capaz de fazer sexo aos 13 ou 14 anos, o que não é determinado por ela. A uma determinada idade, quando está próxima dos 40 ou 42, a finalidade biológica termina. Todos aqueles hormônios que estiveram a impulsioná-la começam a desaparecer. Aceitar essa mudança é muito difícil, pois, de repente, a mulher começa a pensar que não é mais bonita e que precisa dar uma ajeitada no rosto.

Ouvi uma história sobre uma mulher que disse ao cirurgião plástico:

– Preciso eliminar as rugas do rosto.

O cirurgião olhou para ela e disse:

– Não há nada de errado, é apenas a idade, não se preocupe com isso. Por que se dar o trabalho desnecessariamente?

Mas a mulher era insistente.

– Tudo bem. Mas vai custar 5 mil dólares – disse então o médico.

– Esse dinheiro todo eu não tenho. Não pode sugerir algo mais barato? – perguntou a mulher.

Martelo na rocha, Capítulo 4.

– Sim. Você pode comprar um véu – respondeu o médico.

É um dos problemas ocidentais. No Oriente, nenhuma mulher fica preocupada, as coisas são aceitas como elas vêm. A aceitação é o fundamento básico da vida oriental. O Ocidente, continuamente, se impõe à natureza, exigindo como as coisas devem ser. Ninguém quer ficar velho. Portanto, quando chega o momento de transição de um estágio da vida, ocorre um fenômeno muito estranho: como uma vela que chega ao fim, a apenas alguns segundos antes de ir embora, no último momento, a vela de repente se torna maior, com todo o seu poder. Ninguém quer ir embora.

É fato bem conhecido da ciência médica que, no momento da morte, a pessoa fica completamente saudável. Todas as suas doenças desaparecem. Este é o último esforço de suas vidas, ao resistir à morte. As pessoas ligadas a ela ficam muito felizes que, de repente, todas as doenças tenham desaparecido e que a pessoa esteja calma e tranquila, mas não sabem que isso significa a morte. As doenças desapareceram porque sua função foi cumprida, elas mataram o homem. Agora é o último sopro de vida.

O mesmo acontece com todas as mudanças biológicas na vida. Quando o sexo começa a ficar irrelevante, a pessoa passa a pensar no sexo mais do que nunca e, de repente, um grande sopro! Em função da súbita sobrecarga de tanta sexualidade na mente, esta só pode compreender de forma lógica, racional, uma única coisa: de onde vem esta sexualidade? Deve vir do inconsciente reprimido. Isso é o que Sigmund Freud e seus seguidores têm ensinado no mundo inteiro. Embora estejam certos em muitos pontos, estão errados em muitos outros, principalmente em relação à transição, quando a pessoa não é mais jovem e os hormônios estão para desaparecer, e o interesse por sexo está em vias de se extinguir. Antes de se extinguir, o sexo vai explodir com toda a força, e se a mulher for a um psicanalista, ele vai lhe dizer que ela está sexualmente reprimida.

Não posso dizer isso, porque sei que essa sexualidade avassaladora repentina vai desaparecer por si só, sem que as mulheres tenham que tomar alguma atitude. É o sinal de que a vida está passando por uma mudança. Agora, a vida será mais calma e mais tranquila. As mulheres estão realmente entrando em um melhor estágio.

O sexo é um pouco infantil. À medida que a mulher se torna mais madura, o sexo perde o poder sobre ela. E isso é um bom sinal. É algo com o qual se deve ficar feliz. Não é um problema a ser resolvido, é algo para comemorar.

No Oriente, nenhuma mulher se sente incomodada com a transição da juventude para a velhice. Na verdade, ela se sente muito feliz que agora o velho demônio se foi e que a vida pode ser mais pacífica. Mas o Ocidente vive sob muitas ilusões. Uma delas é a ilusão de que existe apenas uma única vida, o que cria um grande problema. Se houver apenas uma vida, e o sexo está em vias de desaparecer, a pessoa está liquidada. Agora não há mais oportunidades, não haverá mais emoção na vida. Ninguém vai dizer: "Você é linda e eu te amo, e vou te amar para sempre."

Então, em primeiro lugar, a ilusão de uma única vida cria um problema. Em segundo, os psicanalistas e outros terapeutas criam outra ilusão: a de que o sexo é praticamente sinônimo de vida. Quanto mais sexual, mais viva a pessoa é. Portanto, quando o sexo começa a desaparecer, a pessoa começa a se sentir como um cartucho usado. Agora já não há nenhum motivo para viver, a vida termina com o fim do sexo. E, então, as pessoas tentam todos os tipos de coisas bizarras: cirurgias que corrigem rugas, cirurgias plásticas, seios falsos... É estúpido, simplesmente estúpido. As pessoas começam a experimentar perucas. Começam a experimentar vestidos provocantes sexualmente.

Quase todas as mulheres ocidentais estão passando fome – o que elas chamam de dieta –, porque a ideia no Ocidente é que a mulher é bonita se não for gorda. A natureza tem outra concepção. A mulher tem que ser um pouco gorda, porque a mulher, por natureza, é mãe. A mãe precisa de gordura extra para o filho, pois, quando em seu útero, a criança precisará de comida, e a mãe, ao começar a sentir náusea, além de não conseguir comer, começa a vomitar. Ela precisa de gordura de emergência em seu corpo para que possa alimentar a criança, porque esta precisa de alimento e está crescendo rapidamente. A ciência diz que, nos nove meses em que fica no útero da mãe, a criança cresce mais rápido do que jamais será capaz de crescer nos seus setenta anos de vida. Tão rápido... Em nove meses ela passa por quase toda a evolução do homem, desde o peixe, e por todos os estágios. Suas exigências têm que ser satisfeitas pela mãe, e ela não consegue comer. Dá para imaginar como é incômodo ter uma criança na barriga. Não acredito que algum homem estivesse disposto a ficar grávido. Ele cometeria suicídio, sem dúvida alguma! Pularia de um prédio de cinquenta andares. "Grávido? Estou liquidado." É só pensar na ideia de ter uma criança em sua barriga que ele vai enlouquecer. Mas como se livrar disso? A mãe passa por um sofrimento enorme, um grande sacrifício.

Por isso, no Oriente, não se criou a ideia de uma mulher magra. É claro que a mulher magra parece mais atraente sexualmente, mais jovem. A mulher gorda parece menos interessante sexualmente, porque ela perde a forma. A cintura não é mais tão fina. O corpo adquiriu tanta gordura que ninguém vai se sentir atraído por ela. Ela não tem as características necessárias que atraem a mente humana.

Outro dia, alguém me trouxe um livro de fotos tiradas por um fotógrafo famoso e, na capa, havia a foto de uma atriz de cinema famosa. No Oriente, ela não pode ser concebida como muito bonita, pois ela, provavelmente, faz dieta, e fazer dieta não é nada mais do que a ideia de passar fome do homem rico. As pessoas pobres passam fome por si, enquanto as pessoas ricas passam fome a um alto custo, sob orientação profissional.

O medo é que a mulher não seja mais atraente, que as pessoas não mais olhem para ela. Acha que vai passar na rua e que ninguém vai olhar para trás: "Quem é que está passando?" Ter a atenção dos outros é uma grande necessidade da humanidade, e principalmente da mulher. A atenção é alimento. Uma mulher sofre muito quando ninguém presta atenção nela. Ela não tem mais nada com o que atrair as pessoas a não ser o próprio corpo. O homem não permitiu que ela desenvolvesse outras dimensões, por meio das quais pudesse se tornar uma pintora famosa, uma dançarina, uma cantora ou uma erudita professora universitária. O homem cortou todas as outras dimensões da vida da mulher, por meio das quais ela poderia ser atraente e ter o respeito das pessoas mesmo quando se tornasse idosa.

Tenho que trazer à lembrança o significado de "respeito". Isso significa olhar para trás. Quando alguém passa por, reavalia. Não tem nada a ver com honra. Tem algo a ver com o fato de a pessoa ficar de repente consciente de que uma coisa bonita passou.

O homem deixa a mulher apenas com o corpo, e é por isso que ela tem uma preocupação com o corpo. Isso cria apego, possessividade, medo de que, se a pessoa que a ama for embora, talvez não encontre outra. Sem atenção, a mulher começa a se sentir praticamente morta. Para que serve a vida se ninguém presta atenção nela? Ela não tem uma vida própria intrínseca.

O homem lhe ensinou que a vida dela depende das opiniões do outros a respeito dela.

Em todo o mundo as competições de beleza são organizadas somente para as mulheres, e elas sequer se revoltam contra a ideia. Por que não para os homens? Assim como se escolhe uma Miss Universo, poder-se-ia escolher um Mr. Universo. Ninguém se importa com o corpo do homem. Ele pode ficar gordo, pode tornar-se um Winston Churchill, pois ele ainda atrai a atenção, porque tem poder. Feio, o mais gordo que se pode imaginar, seu rosto todo pendurado, ele precisa é de uma cirurgia para atenuar as rugas! No entanto, ele não vai se incomodar. Não há necessidade. Ele pode ter poder, ele pode ser o primeiro-ministro, ele pode ser isto e pode ser aquilo.

O homem conseguiu, ao longo dos séculos, ter todas as outras dimensões para atrair pessoas. E deixou apenas uma dimensão para a mulher: seu corpo. Ele fez com que a mulher fosse apenas um vegetal e, naturalmente, o vegetal começa a ficar preocupado se não houver clientes! Não é uma coincidência o fato de, no país mais pervertido sexualmente, a França, os homens dizerem "Quero comer você", quando estão apaixonados por uma mulher. Essas pessoas são canibais? A mulher é um vegetal, ou o quê? "Quero comer você" demonstra um grande respeito à mulher! Quando ninguém diz a ela "Quero comer você", ela há de pensar "Agora estou acabada. A vida chegou ao fim".

O que é preciso aprender, em primeiro lugar, é a ter uma profunda aceitação de todas as mudanças que a natureza traz para o ser humano. A juventude tem sua própria beleza, assim como a velhice tem sua própria beleza. Pode não ser sexual, mas se um homem viveu de modo tranquilo, pacífico, meditativo, então a velhice vai ter uma grandiosidade própria. Da mesma forma que os picos cobertos de neve parecem belos, os cabelos brancos da velhice também têm sua beleza. Não apenas beleza, mas sabedoria também, o que nenhum homem jovem pode reivindicar, uma vez que o seu comportamento como um todo é estúpido. Ele está correndo atrás desta mulher, atrás daquela mulher... O homem idoso parou com todo esse negócio de correr. Ele se contenta consigo mesmo, não é mais dependente de ninguém. A mulher idosa deve seguir o mesmo caminho. Não deve haver diferença entre homens e mulheres.

O amor acontece somente quando as pessoas estão além da escravidão biológica. A relação biológica é tão horrível que por séculos as pessoas decidiram fazer amor no escuro, sem luz, para que não vissem o que estavam fazendo.

Quando a vida passa por uma mudança biológica, não tem apenas que ser aceita, mas também causar alegria por ter passado por toda aquela estupidez, e pelo fato de agora estar livre da escravidão biológica. É apenas uma questão de condicionamento...

É preciso aceitar a vida. Mas a inconsciência não permite que as pessoas aceitem a vida como ela é, sempre querem algo mais.

É muito bom quando o sexo desaparece. A pessoa terá uma capacidade maior de ficar sozinha. Além disso, terá maior capacidade de ser feliz, sem nenhum sofrimento, porque todo o jogo do sexo não é nada além de um longo sofrimento, ou seja, brigas, ódio, ciúme e inveja. Não é uma vida pacífica. E é a paz, o silêncio, a felicidade suprema, a solitude, a liberdade que dão ao ser humano o verdadeiro sabor do que é a vida.[8]

"Bilhões de dólares são gastos em cirurgia plástica..."

Hoje mesmo fui informado de que bilhões de dólares foram gastos em cirurgia plástica apenas nos Estados Unidos.

---

[8] *The Invitation* [O convite], Capítulo 24.

Quase meio milhão de pessoas, todos os anos, estão passando por cirurgia plástica. No início, a faixa etária que costumava passar por cirurgia plástica era aquela em que a mulher – e era limitada apenas às mulheres – começava a se sentir velha. Ela costumava passar por cirurgia plástica para ficar um pouco mais jovem, mais atraente por mais alguns dias.

Mas uma constatação recente é que muitas das pessoas que estão fazendo cirurgia plástica, nos Estados Unidos, são homens, não mulheres, porque, agora, eles querem ser mais jovens por mais tempo. No fundo, eles vão ficar mais velhos, mas a pele vai mostrar o vigor de um jovem. E o mais surpreendente na pesquisa é que até mesmo um jovem de 23 anos fez uma plástica para parecer mais jovem. Os Estados Unidos, com certeza, são a terra dos lunáticos. Ora, se um rapaz de 23 anos acha que precisa parecer mais jovem...

É tão feio ir contra a natureza! E, por outro lado, é tão belo estar em sintonia com a natureza e com quaisquer dádivas que ela traga: a infância, a juventude ou a velhice. Se a aceitação e o coração acolhedor estiverem prontos, tudo o que a natureza traz tem uma beleza própria.

E, de acordo com o meu entendimento, e todos os visionários orientais estão por trás de mim em apoio, o homem torna-se belo e gracioso de verdade no ponto mais elevado de sua idade, quando toda a tolice da juventude se foi, quando toda a ignorância da infância desapareceu, quando transcendeu o mundo inteiro de experiências mundanas e alcançou um ponto em que pode ser uma testemunha sobre as montanhas, enquanto o mundo avança nos vales sombrios escuros, tateando às cegas.

Além disso, a ideia de permanecer continuamente jovem é horrível. O mundo todo deve estar ciente de que as pessoas, ao se forçarem a ser jovens, vão simplesmente ficar mais tensas. Nunca vão relaxar.

E, se a cirurgia plástica tiver êxito, uma vez que se torna uma profissão cada vez maior no mundo, será possível verificar algo estranho acontecendo: todo mundo vai começar a ficar parecido com o outro. Todo mundo vai ter o mesmo tamanho de nariz, que é decidido por computadores, todo mundo vai ter o mesmo tipo de rosto, a mesma feição. Não será um mundo bonito, perderá toda a sua variedade, perderá todas as suas belas diferenças.

As pessoas vão ser praticamente como máquinas, todas iguais, originadas de uma linha de montagem, como os carros da Ford, um por um. Dizem que a cada minuto sai um carro da fábrica da Ford, semelhante a outro que vem na sequência – em uma hora, são sessenta carros. E funciona 24 horas por dia, os turnos de trabalhadores mudam, mas a montagem continua, produzindo os mesmos carros.

Quem é que quer que os seres humanos também sejam montados de forma mecânica em uma fábrica, de forma que sejam iguais uns aos outros, para que, onde queira que se vá, seja possível encontrar a Sophia Loren? Seria muito enfadonho.

Todo mundo quer viver muito tempo, mas ninguém quer ser velho. Por quê? Por causa do próximo estágio. Ninguém tem um medo real da velhice, mas depois da velhice é a morte, nada mais. Por isso, todos gostariam de viver o maior tempo possível, mas nunca envelhecer, pois envelhecer significa que se entrou na área da morte. No fundo, o medo de envelhecer é um medo da morte, e somente aqueles que não sabem viver é que têm medo de perder a vida.

Tem um ditado que diz: "A juventude é uma doença que se cura um pouco por dia." E a velhice é a cura! Ao passar por todo o teste de fogo da vida, a pessoa chega ao ponto em que pode ficar totalmente desapegada, reservada, indiferente.

Mas o Ocidente nunca compreendeu a beleza da velhice. Eu consigo entender, mas não posso concordar. No Ocidente, o problema da vida é que há muitas mulheres bonitas, e muito pouco tempo. É por isso que ninguém quer ficar idoso, as pessoas querem esticar o tempo mais um pouco. Mas eu lhes digo: o problema poderia ser ainda pior se houvesse muito tempo e poucas mulheres. Como ele é, é um mundo perfeito.[9]

---

[9] *The Great Pilgrimage: From Here to Here* [A grande peregrinação: daqui para aqui], Capítulo 19.

A mente

"**O** que significa ser homem ou mulher, essencialmente?"

Ser homem ou ser mulher é mais uma questão psicológica do que fisiológica. Um homem pode ser do sexo masculino fisiologicamente e pode não ser masculino psicologicamente, e vice-versa. Existem mulheres agressivas, e infelizmente elas estão crescendo em número, no mundo – e são mulheres muito agressivas. O movimento feminista como um todo está enraizado na mente dessas mulheres agressivas. Quando uma mulher é agressiva, ela não é feminina.

Joana d'Arc não é uma mulher e Jesus Cristo é uma mulher. Joana d'Arc é um homem em termos psicológicos, pois sua abordagem é, basicamente, a de agressão. Jesus Cristo não é nada agressivo. Ele diz: "Se alguém bater em você em uma face, ofereça-lhe também a outra." Isto é não agressividade psicológica. Jesus diz: "Não resista ao mal." Mesmo ao mal não se deve opor resistência! A não resistência é a essência da graça feminina.

A ciência é masculina, a religião, feminina. A ciência é um esforço para conquistar a natureza, enquanto a religião é um "deixe acontecer", dissolvendo-se na natureza. A mulher sabe como se fundir, como se tornar uma. E cada uma das pessoas que busca a verdade tem que saber como se dissolver na natureza, como se tornar um único elemento atrelado à natureza, como ir com o fluxo, sem resistir, sem lutar. À medida que a pessoa se torna cada vez mais meditativa, suas energias se tornam não agressivas. Sua violência desaparece, surge o amor. Ela não está mais interessada em dominar. Em vez disso, fica cada vez mais intrigada com a arte da rendição. É isso que faz com que a psicologia da mulher seja feminina.

Compreender a psicologia feminina é compreender a psicologia da religiosidade. O esforço ainda não foi feito, e tudo o que existe em nome da psicologia é a psicologia masculina. É por isso que eles continuam a estudar ratos e, por intermédio dos ratos, continuam a tirar conclusões a respeito do homem.

Para aquele que quiser estudar a psicologia feminina os melhores exemplos serão os místicos, os exemplos mais puros serão os místicos. Terá então que aprender sobre Basho, Rinzai, Buda, Jesus, Lao Tzu. Terá que aprender a respeito dessas pessoas, porque somente através da compreensão delas é que é possível compreender o pico, a mais elevada e crescente expressão feminina.[1]

"Qual é a diferença entre a mente feminina e a mente masculina?"

A pesquisa moderna chegou a um fato muito importante, um dos mais importantes alcançados neste século, que é o fato de o ser humano não ter apenas uma mente, mas duas mentes. O cérebro é dividido em dois hemisférios: o hemisfério direito e o hemisfério esquerdo. O hemisfério direito liga-se à mão

---

[1] *O Dhammapada*, Volume 7, Capítulo 20.

esquerda e o hemisfério esquerdo liga-se à mão direita, em uma relação cruzada.

O hemisfério direito é intuitivo, ilógico, irracional, poético, platônico, imaginativo, romântico, místico, religioso; o hemisfério esquerdo é lógico, racional, matemático, aristotélico, científico, calculista.

Esses dois hemisférios estão em constante conflito. As políticas básicas do mundo estão dentro do ser humano, as maiores políticas do mundo estão dentro dele. Ele pode não ter consciência disso, mas depois que se torna ciente a coisa real a ser feita está em algum lugar entre essas duas mentes.

A mão esquerda está relacionada ao hemisfério direito, que rege a intuição, a imaginação, o mito, a poesia, a religião – a mão esquerda é muito condenada. A sociedade é daqueles que são destros, e destro quer dizer hemisfério esquerdo. Dez por cento das crianças nascem canhotas, mas são forçadas a usar a mão direita. As crianças que nascem canhotas são, basicamente, irracionais, intuitivas, não matemáticas, não euclidianas... são perigosas para a sociedade, e é por isso que a sociedade as força, de todas as formas, a se tornarem destras. Não é só uma questão de mãos, mas também de políticas interiores: a criança canhota opera através do hemisfério direito, e como a sociedade não pode permitir que isso aconteça, uma vez que é perigoso, a criança tem que ser interrompida antes que as coisas cheguem longe demais.

Suspeita-se que, no início, a proporção deva ter sido meio a meio – 50% de crianças canhotas e 50% de crianças destras –, mas o partidarismo a favor do destro dominou por tanto tempo que, aos poucos, a proporção caiu para 10% contra 90%. Mesmo entre vocês aqui, muitos podem ser canhotos, mas podem não ter consciência disso. Podem escrever com a mão direita e trabalhar com a mão direita, mas na infância podem ter sido forçados a serem destros. Isso é um truque, pois, ao tornar-se destro, o hemisfério esquerdo começa a funcionar. O hemisfério esquerdo rege a razão, enquanto o hemisfério direito está além da razão, seu funcionamento não é matemático. Ele funciona em flashes, é intuitivo, muito gracioso, porém irracional.

A minoria canhota é a minoria mais oprimida do mundo, até mais do que os negros, até mais do que as pessoas pobres. Compreendendo-se essa divisão, compreendem-se muitas coisas. Em se tratando da burguesia e do proletariado, o proletariado sempre funciona por meio do hemisfério direito do cérebro: as pessoas pobres são mais intuitivas. Basta ir até os povos primitivos, eles são mais intuitivos. Quanto mais pobre, menos intelectual é o indivíduo, e essa pode ser a causa de sua pobreza. Como ele é menos intelectual, não pode competir no mundo da razão. Ele é menos articulado, quando se consideram a linguagem, a razão, o cálculo. É praticamente um idiota. Essa pode ser a causa de ele ser pobre. A pessoa rica funciona por meio do hemisfério esquerdo, e é mais calculista, aritmética em tudo, esperta, inteligente, lógica, e planeja. Essa pode ser a razão pela qual ela é rica.

O mesmo se aplica a homens e mulheres. As mulheres são pessoas do hemisfério direito, enquanto os homens são do hemisfério esquerdo. Os homens dominaram as mulheres por séculos. Agora algumas mulheres estão se revoltando, mas o mais espantoso é que essas são o mesmo tipo de mulher. Na verdade, elas são como os homens: racionais, argumentativas, aristotélicas. É possível que um dia, assim como a revolução comunista teve êxito na Rússia e na China, em algum lugar, talvez nos Estados Unidos, as mulheres consigam triunfar e derrubar os homens. Mas, no momento em que elas triunfarem, deixarão de ser mulheres, e vão passar para o lado do hemisfério esquerdo. Isso porque, para lutar, é preciso ser calculista, e para lutar com os homens é preciso ser igual aos homens: ter agressividade. Essa mesma agressividade é mostrada em todo o mundo no movimento feminista.

As mulheres que participam do movimento feminista são muito agressivas, estão perdendo toda a graça, tudo o que resulta da intuição. Isso porque, se elas têm que lutar com os homens, precisam aprender o mesmo truque; se elas têm que lutar com os homens, necessitam lutar com as mesmas técnicas. Lutar com alguém é muito perigoso, porque a pessoa se iguala ao seu inimigo. Esse é um dos maiores problemas da humanidade. Ao lutar com alguém, aos poucos a pessoa precisa usar a mesma técnica, do mesmo modo. Depois, o inimigo pode ser derrotado, mas, no momento em que ele é derrotado, a pessoa se torna seu próprio inimigo. Somente as coisas superficiais mudam; no fundo, o mesmo conflito permanece.

O conflito está no homem. A menos que seja resolvido ali, não pode ser resolvido em nenhum outro lugar. A política está dentro do ser humano, está entre as duas partes da mente.

Existe uma pequena ponte. Se essa ponte for quebrada por algum acidente, por algum defeito psicológico ou alguma outra coisa, a pessoa fica dividida, torna-se duas pessoas, e o fenômeno da esquizofrenia ou da personalidade dividida se manifesta. Se a ponte for quebrada, e ela é muito frágil, então a pessoa torna-se duas pessoas, e passa a se comportar como duas pessoas. De manhã, ela é muito amorosa, muito bonita e, à noite, fica muito irritada, absolutamente diferente. Ela não se lembra do seu dia pela manhã... como pode se lembrar? Outra mente estava funcionando, e a pessoa torna-se duas pessoas. Se essa ponte for bastante reforçada a ponto de as duas mentes desaparecerem como duas e se tornarem uma única, então surge a integração, a cristalização. Aquilo que George Gurdjieff chamava de a "cristalização do ser" não é nada mais do que a transformação dessas duas mentes em uma única mente, a reunião do masculino e do feminino dentro, o encontro do *yin* e do *yang*, a união da esquerda e da direita, a reunião da lógica e do ilógico, o encontro de Aristóteles e de Platão.

Se você puder entender essa bifurcação básica, então será capaz de compreender todo o conflito que acontece em torno e dentro de si mesmo.

A mente feminina tem um encanto, e a mente masculina, eficiência. E, é claro, no longo prazo, se houver uma luta constante, o encanto está fadado a ser derrotado, e a mente eficiente vai triunfar, porque o mundo entende a linguagem da matemática, não a do amor. No entanto, quando a eficiência ganha do encanto, a pessoa perde algo muito valioso: o contato com o seu próprio ser. Ela pode tornar-se muito eficiente, mas não será mais uma pessoa real. Vai se transformar em uma máquina, em uma espécie de robô.

Devido a isso, há um conflito constante entre homens e mulheres. Eles não conseguem ficar separados, eles têm que se relacionar repetidas vezes, mas também não conseguem permanecer juntos. A luta não é externa, a luta está dentro das pessoas. E o meu entendimento é o seguinte: a menos que tenha resolvido a luta interna entre os hemisférios direito e esquerdo, a pessoa nunca será capaz de se apaixonar de forma pacífica, nunca, pois a luta interior será refletida no lado externo. Se o homem luta internamente e se identifica com o hemisfério esquerdo, que é o hemisfério da razão, e tenta continuamente subjugar o hemisfério direito, vai tentar fazer o mesmo com a mulher por quem se apaixonar. Se a mulher luta constantemente com sua própria razão interior, vai lutar continuamente com o homem que ama.

* * *

Todos os relacionamentos são horríveis – ou quase todos, uma vez que o número das exceções é desprezível, e podemos deixar de considerá-las. No início são lindos, no início não se mostra a realidade, no início as pessoas fingem. Depois que a relação se estabelece e as pessoas relaxam, o conflito interior borbulha e começa a se refletir no relacionamento. Em seguida, vêm as brigas, depois vêm mil e uma maneiras de irritar um ao outro, de destruir um ao outro. Daí a atração pela homossexualidade, porque pelo menos um homem apaixonado por outro homem não entra em tanto conflito. A relação amorosa pode não ser muito satisfatória, pode não levar a grandes momentos orgásticos e de êxtase, mas pelo menos não é tão desagradável quanto o relacionamento entre um homem e uma mulher. As mulheres tornam-se lésbicas sempre que o conflito é demasiado, porque pelo menos a relação amorosa entre duas mulheres não gera um conflito tão profundo. Os mesmos se reúnem com os mesmos, pois podem se entender. Sim, o entendimento é possível, mas a atração é perdida, a polaridade é perdida, e a um alto custo. O entendimento é possível, mas toda a tensão, todo o desafio, são perdidos. Se optar pelo desafio, em seguida vem o conflito, porque o verdadeiro problema está em algum lugar dentro de você. A menos que esteja resolvida e chegue a uma harmonia profunda entre a mente feminina e a mente masculina, a pessoa não vai ser capaz de amar.

Essa é a dificuldade da mente moderna: todos os relacionamentos estão aos poucos se tornando casuais. As pessoas estão com medo de qualquer espécie de compromisso porque conheceram pelo menos uma coisa da experiência amarga, ou seja, sempre que as pessoas ficam muito ligadas, a realidade explode, e os conflitos interiores de um passam a ser refletidos pelo outro e, então, a vida se torna desagradável, horrível, insuportável.

Se estiver fora disso, pode parecer um lindo oásis no deserto, mas, à medida que chega mais perto, o oásis começa a secar e a desaparecer. Uma vez pego nele, vira uma prisão, mas lembre-se de que a prisão não vem do outro, a prisão vem de dentro de você mesmo.

Se o hemisfério esquerdo do cérebro passa a dominar, a pessoa vai ter uma vida de muito sucesso, tanto sucesso que ao chegar aos 40 anos vai ter úlceras. Quando estiver nos 45, terá tido pelo menos um ou dois ataques cardíacos. Aos 50, vai estar quase morta – mas uma morte bem-sucedida. O indivíduo pode se tornar um grande cientista, mas nunca será um grande ser. Pode acumular o suficiente de riqueza, mas perderá tudo o que é de valor. Pode conquistar o mundo inteiro, como Alexandre, o Grande, mas seu próprio território interior permanecerá inconquistado.

Há muitas atrações para seguir o hemisfério esquerdo do cérebro, que é o cérebro mundano. Estão mais relacionadas a coisas: carros, dinheiro, casas, poder, prestígio. Essa é a orientação do homem que na Índia é chamado de *grustha*, o chefe de família.

O hemisfério direito do cérebro é a orientação do *sannyasin*, aquele que está mais interessado no próprio ser interior, na paz interior, na felicidade suprema, e menos preocupado com as coisas. Se as coisas vêm com facilidade, é bom, mas, se não vêm, também é bom. Ele tem mais preocupação com o momento, e menos com o futuro, da mesma forma que tem mais interesse na poesia da vida, e menos interesse em sua aritmética.

Há uma maneira de seguir a vida por meio da aritmética, e há outra maneira de seguir a vida por intermédio do sonho, de sonhos e visões. São maneiras totalmente diferentes. Ainda outro dia alguém perguntou: "Existem fantasmas, fadas e coisas do gênero?" Sim, existem. Movendo-se pelo hemisfério direito do cérebro, existem. No entanto, movendo-se pelo hemisfério esquerdo do cérebro, não existem.

Toda criança é dominada pelo hemisfério direito. Ela vê fantasmas e fadas ao redor, mas os pais conversam com ela, colocam-na em seu lugar e lhe dizem: "Bobagem. Você é estúpida. Onde está a fada? Não há nada, apenas uma sombra." Aos poucos eles convencem a criança, a criança indefesa. Aos poucos eles a convencem, e a criança se desloca da orientação do hemisfério direito para a orientação do hemisfério esquerdo. A criança tem que fazer isso, porque tem que viver no mundo deles. Tem que esquecer seus sonhos, tem que esquecer todos os mitos, tem que esquecer toda a poesia, tem que aprender matemática. É claro que ela se torna eficiente em matemática, e torna-se praticamente incapaz e paralisada na vida. A existência passa a ficar cada vez mais distante, e a criança se transforma apenas em uma mercadoria no mercado, toda a sua vida vira apenas lixo... embora, é claro, valiosa aos olhos do mundo.

O *sannyasin* é aquele que vive por meio da imaginação, que vive da qualidade do sonho de sua mente, que vive da poesia, que romanceia sobre a vida, que olha por intermédio de visões. Daí que as árvores são mais verdes do que parecem para os outros, os pássaros, mais bonitos, daí tudo possuir uma qualidade luminosa. Pedrinhas comuns viram diamantes, rochas comuns não são mais comuns, nada é comum. Para aquele que olha a partir do hemisfério direito, tudo se torna divino, sagrado. A religião é proveniente do hemisfério direito.

Um homem estava sentado com seu amigo em um café tomando chá. Ele examinou sua xícara e disse com um suspiro:

– Ah, meu amigo, a vida é como uma xícara de chá.

O outro considerou aquilo por um momento e depois perguntou:

– Mas por quê? Por que a vida é como uma xícara de chá?

– Como eu deveria saber? Sou filósofo? – respondeu o primeiro homem.

O hemisfério direito do cérebro faz somente declarações sobre fatos, não consegue dar razões. Se alguém perguntar "Por quê?", o cérebro vai permanecer em silêncio, não virá nenhuma resposta dele. Se uma pessoa está andando, depara com uma flor de lótus e diz "Linda!", e outra pessoa pergunta "Por quê?", o que a primeira vai fazer? Vai responder: "Como vou saber, sou filósofo?" É uma declaração simples, uma declaração muito simples, por si só total, completa. Não há razão por trás disso, nenhum resultado além disso, é uma declaração simples do fato. O hemisfério direito é o hemisfério da poesia e do amor. É necessário que ocorra uma grande mudança, e essa mudança é a transformação interior.[2]

"Você pode falar mais sobre as qualidades da mente feminina?"

A mente feminina tem ambas as qualidades: a negativa e a positiva. A positiva é o amor, a negativa, o ciúme; a positiva é o compartilhar; a negativa, a possessividade; a positiva é estar à espera, a negativa, a letargia, porque a espera pode dar a impressão de se estar à espera mas pode não ser isso: pode ser apenas letargia.

E o mesmo acontece com a mente masculina, que tem uma qualidade positiva, com a qual investiga, sai em busca, e uma qualidade negativa, que é sempre estar em dúvida. É possível ser um investigador sem ter dúvidas? Então a escolhida foi a qualidade positiva. Porém, a pessoa também pode ser alguém que tem dúvidas e não investiga, apenas permanece sentada, duvidando.

---

[2] *Ancient Music in the Pines* [Música antiga nos pinheiros], Capítulo 1.

Outra qualidade positiva do homem é que ele está em busca de descanso; uma qualidade negativa é ele ser inquieto. O fato de ele ser inquieto não significa que se identifique com isso. É possível usar a inquietação como um salto para alcançar um repouso reparador. Ele tem uma energia, uma vontade de fazer alguma coisa, e pode usar essa vontade para se tornar um não fazedor, pode usar esse impulso para ser um praticante de meditação.

A qualidade negativa tem que ser usada a serviço da positiva, e cada uma tem ambas. Onde quer que haja uma qualidade positiva, bem ao lado existe a qualidade negativa. Aquele que presta muita atenção à qualidade negativa, há de perder. Preste muita atenção à qualidade positiva, que há de ganhar.

E tanto o homem como a mulher têm de fazer isso. Daí, então, acontece o mais belo fenômeno do mundo. Esse fenômeno é uma pessoa indivisível, única, unitária, um cosmos interior, como uma sinfonia em que todas as notas se transformaram em ajudantes umas das outras, e não oferecem apenas um barulho, mas também ritmo e cor para o todo. Elas fazem o todo, criam o todo, não estão contra o todo, não são fragmentos mais, estão na condição de unidade.[3]

"Quem é mais estúpido, o homem ou a mulher?"

Vou lhe contar uma anedota:
Um homem perguntou à sua mulher:
– Por que Deus fez vocês, mulheres, tão bonitas?
– Para vocês, homens, poderem se apaixonar por nós – disse a mulher.

---

[3] *A semente de mostarda*, Capítulo 18.

– Então, por que ele as fez tão estúpidas? – perguntou então o homem.

– Para podermos nos apaixonar por vocês – respondeu a mulher.

Na verdade, a estupidez não tem sexo. É de todos os tipos, formatos e tamanhos.[4]

"As mulheres são mais corajosas do que os homens?"

Sem dúvida alguma. Os homens sentem apenas ciúmes... Não são corajosos. A mulher é mais amorosa porque não vive pela lógica, pela razão, mas pela pura emoção e pelo coração.

O caminho do coração é lindo, mas é perigoso. O caminho da mente é comum, mas é seguro. O homem escolheu o caminho mais seguro e mais curto da vida. A mulher escolheu o trajeto mais bonito, mas o mais montanhoso, trajeto de emoções, sentimentos e humores. E como até agora o mundo foi dominado pelo homem, a mulher sofreu bastante. Ela não foi capaz de se encaixar na sociedade que o homem criou, porque a sociedade foi criada de acordo com a razão e com a lógica.

A mulher quer o mundo do coração.

Na sociedade criada pelo homem não há lugar para o coração. O homem tem que aprender a ser mais emotivo, porque a razão levou toda a humanidade para um suicídio global. A razão destruiu a harmonia da natureza, da ecologia. A razão deu belas máquinas, mas destruiu a bela humanidade. É necessário um pouco mais de emoção em tudo.

Até onde eu sei, o caminho para o ser mais profundo está mais perto do coração do que da mente. A mente é um atalho, se a pessoa estiver rumando para fora, e o coração é um cami-

---

[4] *Vá com calma*, Volume 2, Capítulo 4.

nho muito longo. Se estiver rumando para dentro, a coisa toda muda para o lado oposto, ou seja, o coração é o atalho para o ser, e a mente é o caminho mais longo que se pode imaginar.

É por isso que sou totalmente a favor do amor, pois a partir do amor é mais fácil chegar à meditação, chegar à eternidade da vida, chegar à piedade, o que é muito difícil a partir da mente. Primeiro o homem tem que se dirigir para o coração, apenas depois pode se mover em direção ao ser.

Minha ênfase no amor tem uma razão espiritual básica. A partir do coração, a mulher pode se mover de imediato, e o homem pode se mover em direção ao coração sem nenhuma dificuldade. Ele apenas foi treinado de maneira errada, é só uma questão de condicionamento. Disseram ao homem para ser duro, para ser forte, para ser viril, e tudo isso é bobagem. Nenhum homem chora e deixa que sua tristeza ou alegria fluam por meio das lágrimas, porque lhe disseram desde que era criança que a lágrima é coisa de mulher, coisa de menina. Os homens nunca choram ou vertem lágrimas.

Ao observar a natureza, tudo parece ser um absurdo. Se fosse assim, se essa fosse a intenção da natureza, então os olhos do homem teriam sido feitos de uma forma diferente, não teriam glândulas lacrimais. Eles têm glândulas lacrimais, tal como os das mulheres.

Qual é a finalidade dessas lágrimas? Elas são necessárias, pois são uma linguagem muito importante. Há momentos em que não se consegue dizer, mas os olhos podem mostrar. Pode-se estar cheio de alegria e as lágrimas virem aos olhos. As lágrimas são sempre o símbolo da experiência transbordante. Pode-se estar tão triste que as palavras não conseguem expressar a tristeza e, então, as lágrimas ajudam. É uma das razões pelas quais as mulheres ficam menos loucas do que os homens, pois estão preparadas para verter lágrimas, chorar e jogar coisas a qualquer momento, ou seja, temporariamente, elas conseguem enlouquecer todos os dias.

O homem deixa acumular, até que um dia explode por atacado. As mulheres ficam loucas no varejo, e esta é uma maneira mais sábia, pois termina no mesmo dia. Por que deixar acumular?

Os homens cometem suicídio mais do que as mulheres. Isso é muito estranho. As mulheres falam de cometer suicídio mais do que os homens, mas nunca chegam a cometê-lo. Os homens nunca falam sobre cometer suicídio, mas o cometem mais; a quantidade é o dobro. O homem continua a reprimir, continua a manter uma determinada expressão no rosto que é falsa. No entanto, há um limite para tudo: chega a um ponto em que ele não consegue aguentar mais, e tudo desmorona.

O homem tem que ser ensinado a ser mais emocional, pois é a partir do coração que segue o caminho em direção ao ser. Não se pode ignorar o coração. A mulher está em uma posição melhor, pois pode ir diretamente para o ser a partir do coração. Mas, em vez de reconhecer essa grande qualidade nelas, o homem condenou as mulheres. Talvez haja uma razão; talvez ele estivesse ciente da superioridade da mulher, que é a superioridade do amor. Nenhuma lógica pode ser maior do que o amor, nenhuma mente pode ser maior do que o coração. No entanto, a mente pode ser assassina, a mente pode ser violenta, e foi isso o que a mente fez durante séculos.

O homem tem batido nas mulheres, reprimido as mulheres, condenado as mulheres. E sem saber que ao condená-las e reprimi-las ele as torna inferiores, metade da humanidade fica privada de elevar sua consciência. E os homens também ficam privados, porque também poderiam ter aprendido a arte de mover-se para cima a partir de metade do universo. Poderiam também ter se movido no mesmo caminho, no mesmo trajeto. Por isso sempre digo que a libertação das mulheres é também a libertação do homem. É mais a libertação do homem do que a libertação das mulheres.

Sim, as mulheres têm mais amor, mas elas também devem estar cientes do outro lado da moeda. O homem tem lógica. O outro lado pode ser ilógico. Não é perigoso, é apenas um erro, e tem que ser corrigido. Por isso é que eu disse que o caminho do coração é lindo, mas perigoso.

O outro lado do amor é o ódio, o outro lado do amor é o ciúme. Portanto, se uma mulher é pega com ódio e ciúme, toda a beleza do amor morre e ela fica apenas com veneno nas mãos. Ela vai envenenar a si mesma e todos que estão ao redor.

Para ser amorosa, a pessoa tem que estar mais alerta, uma vez que pode cair na vala do ódio que está bem próxima. Todo pico do amor fica muito próximo, e o vale sombrio do ódio fica em torno do pico, a partir de todos os lugares, o que significa que se pode escorregar com muita facilidade.

Talvez essa seja a razão para muitas mulheres decidirem não amar. Talvez essa seja a razão para o homem ter decidido viver na mente e esquecer tudo sobre o coração... porque é tão sensível, fica magoado com muita facilidade, seu humor muda como a mudança climática.

Aquele que realmente quer aprender a arte do amor tem que lembrar de todas essas coisas, e tem que salvar o seu amor de cair em todas essas valas de ódio e ciúme; caso contrário, tornar-se-á impossível ir para o ser, mais impossível do que a partir da mente.

A mulher tem que abandonar o ciúme, e tem que abandonar o ódio. O homem tem que abandonar a lógica e ser um pouco mais amoroso.

A lógica pode ser usada, pois é utilitária. No trabalho científico, é útil, mas não nas relações humanas. O homem tem que tomar cuidado para que a lógica não se torne seu único caminho, de modo que se mantenha apenas como um instrumento que usa e deixa de lado. A mulher tem que estar alerta para não cair na vala do ódio, do ciúme, da raiva, porque vão destruir seu tesouro mais precioso, o amor. E ambos têm que se mover mais fundo no amor, pois, quanto mais fundo se movem no amor, mais próximos estarão de chegar ao ser.

O ser não está muito longe, é a parte mais profunda do amor, um amor que é absolutamente puro, incondicional. Um amor que é absolutamente alerta, atento, consciente, transforma-se imediatamente em uma grande revolução, e abre as portas do templo mais íntimo do ser.

Chegar ao próprio centro é ganhar tudo o que a vida pode dar, toda a fragrância, toda a beleza, toda a alegria, todas as bênçãos...

As mulheres são mais corajosas, sem dúvida. Em todas as culturas, de todo o mundo, é a mulher que deixa sua família e vai para a família do marido. Ela deixa a mãe, o pai, os amigos, sua cidade, tudo que amou, tudo com que viveu até a fase adulta e, por causa do amor, sacrifica tudo isso. O homem não será capaz de uma atitude assim.

Na verdade, como o homem fingiu ser superior, ele é que deveria ter feito isso. Deveria ter ido para a casa da mulher em vez de levá-la para a própria casa. Mas em nenhuma cultura, em nenhuma sociedade, em toda a história, o homem assumiu essa atitude, ou seja, abandonar sua família, sua terra, seu ambiente, sacrificar tudo e tornar-se parte de um ambiente totalmente novo, uma nova terra, para ser replantado em um novo jardim, em um novo solo, para lá florescer. A mulher fez isso, e o fez de forma graciosa.

Ela é mais corajosa, sem dúvida.

No amor, e em diferentes fases... Ela ama como mãe, o que nenhum pai é capaz de fazer; ela ama como esposa, o que nenhum marido é capaz de fazer. Mesmo quando criança pequena, ela ama como filha, o que nenhum menino pode fazer.

A vida toda de uma mulher é o amor.

Para o homem, a vida é uma coisa grande, e o amor é apenas uma pequena parte dela. Ele pode sacrificar o amor por dinheiro, por poder, por prestígio, em suma, ele pode sacrificar o amor por qualquer coisa. A mulher não consegue sacrificar o amor por nada, pois tudo está abaixo do amor. Tudo pode ser sacrificado, mas o amor, não. Sem dúvida, ela tem coragem, e o homem deveria aprender muito com as mulheres.

Se uma pessoa fizer de seu relacionamento um fenômeno de aprendizagem para conviver com a outra pessoa, e não apenas uma relação sexual superficial, mas algo profundo, íntimo, para aprender os mistérios um do outro, então cada relacionamento se transforma em um fenômeno espiritual. Ambos serão enriquecidos por ele e, consequentemente, toda a sociedade.[5]

"Por que as mulheres ainda não estão libertadas?"

Essa é uma das razões pelas quais as mulheres ainda não estão libertadas e não são capazes de se tornar uma força conjunta: elas simpatizam com o homem, e não com outras mulheres. Com outras mulheres, elas têm uma relação estritamente de ciúme, com base em se uma tem roupas melhores, se a outra tem melhores ornamentos, se aquela outra tem um carro bom, se tem uma casa melhor. A única relação delas com outras mulheres é de ciúme.

---

[5] *Socrates Poisoned Again After 25 Centuries* [Sócrates envenenado novamente após 25 séculos], Capítulo 21.

Portanto, se toda mulher tiver ciúme de todas as outras mulheres, naturalmente esta será uma das causas fundamentais de sua escravidão. Elas não podem se transformar em uma força conjunta, embora sejam metade da população mundial – e poderiam ter conseguido se libertar há muito tempo. Todas as vezes que quiseram se libertar não havia nada que as impedisse. Elas são seus próprios inimigos.

Uma coisa que toda mulher tem que lembrar é que o homem dividiu as mulheres com tanta astúcia que elas nunca vão poder se tornar uma força única. Elas têm ciúme umas das outras, e não há nenhuma simpatia entre elas. As mulheres preferem simpatizar com os homens, mas não com seus próprios homens! Tem que ser o homem de outra mulher.[6]

"O que é ciúme e por que dói tanto?"

O ciúme é uma das áreas mais predominantes da ignorância psicológica sobre si mesmo, sobre os outros e, mais particularmente, sobre o relacionamento.

As pessoas acham que sabem o que é amor, mas não sabem. E sua falta de compreensão sobre o amor cria o ciúme. O "amor" é descrito pelas pessoas como um determinado tipo de monopólio, de possessividade, mas não compreendem um simples fato da vida: no momento em que possuírem um ser vivo, terão provocado sua morte.

A vida não pode ser possuída. Não se pode tê-la no punho. Aquele que quiser tê-la, terá que manter as mãos abertas.

Mas a coisa tem caminhado por uma trilha errada por séculos, e acabou por se tornar tão arraigada no ser humano que ele não consegue separar o amor do ciúme. Eles se tornaram

---

[6] *Joshu: The Lion's Roar* [Joshu: o rugido do leão], Capítulo 2.

quase uma energia única. Por exemplo, uma mulher sente ciúme se o amante procura outra mulher. Ela fica perturbada com isso agora, mas eu gostaria de dizer a ela que, se não sentir ciúme, vai ter muito mais problemas, isto é, vai achar que não ama mais o amante, porque, se o amasse, deveria ter sentido ciúme.

O ciúme e o amor ficaram muito misturados. Na verdade, eles são polos opostos. Uma mente que não pode ser ciumenta não pode ser amorosa, e vice-versa: uma mente que é amorosa não pode ser ciumenta.[7]

"Há alguns dias consegui me permitir enfrentar o meu demônio número 1: o ciúme. Enfrentei-o com total sinceridade, e o resultado foi: senti-me eufórica, muito grata e cheia de energia. O que é que eu aprendi com essa experiência, como usá-la para não ser apanhada novamente pelo ciúme?"

Foi uma experiência muito importante para você, uma das experiências fundamentais, que podem ajudar alguém a mudar totalmente sua energia.

George Gurdjieff costumava encontrar a primeira coisa em seus discípulos, a característica que era o inimigo número 1 deles, porque o inimigo número 1 deles contém a chave que pode destruí-los, se eles não o compreenderem, ou pode levar a uma transformação.

Você enfrentou o ciúme. O ciúme é um dos elementos mais perigosos na consciência humana, particularmente na mente feminina. Enfrentar o inimigo número 1 sem escondê-lo, sem camuflá-lo, sem tentar interpretá-lo favoravelmente, ou seja, que você está certa, que a situação é tal que, com certeza,

---

[7] *Sermons in Stones* [Sermões nas pedras], Capítulo 13.

você tem que estar enciumada, sem de forma alguma satisfazer-se com explicações de que o ciúme estava certo.

Se você se contentar com o fato de que o ciúme está correto, ele vai permanecer e ficar mais poderoso; e, assim, a energia que você sente agora, não sentiria, pois essa energia teria sido absorvida pelo ciúme, teria permanecido contida no ciúme e teria ficado à espera de um momento em que ele pudesse explodir, para encontrar alguma desculpa. Entretanto, como você o enfrentou sem fazer uso de nenhuma explicação para justificá-la... você não o justificou, você simplesmente o enfrentou como um fato, que você tem esse ciúme... e aceitou que isso tem a ver com você, e não com nenhuma outra pessoa, que ninguém mais no mundo inteiro é responsável por isso.

Todas essas são desculpas para proteger o ciúme.

Você fez um bom trabalho, e o resultado é que bastou ficar atenta para que o ciúme desaparecesse.

E isso é o que eu digo constantemente há anos, que não é preciso fazer nada. Basta enfrentar o problema do modo como o espelho reflete alguma coisa, sem julgamento.

E como era o seu inimigo número 1, continha muita energia. Agora ele se foi, e a energia está livre. É por isso que você está se sentindo mais viva, mais amorosa, mais sensual. Portanto, você lidou perfeitamente bem com seu ciúme. Agora a energia está liberada. Você lutou contra o ciúme por anos. Agora encontrou a chave.

Da próxima vez, se o ciúme chegar, agarre-o de imediato. E o mesmo que fez com o inimigo número 1 pode ser feito com todos os outros inimigos que entram em sua mente. Como eles são inimigos menores, vão desaparecer até mais rapidamente, pois não têm muita energia.

No entanto, quando a energia fica contida significa que esse problema está sujeito a surgir. E o que fazer com essa energia? Até agora ela foi usada e sugada pelo ciúme. Agora essa energia está por todo o corpo. A pessoa, então, se sente mais sensual, mais amorosa.

Expresse a energia: dance, cante, ame, ou faça o que vier à cabeça.[8]

"Por favor, fale sobre possessividade."

Não há nada pior a se fazer do que reduzir um ser a um objeto. E é essa a definição de possessão. Apenas coisas podem ser possuídas, não se pode possuir seres. É possível ter uma comunhão com um ser. Pode-se compartilhar amor, poesia, beleza, o corpo, a mente. Pode-se compartilhar, mas não se pode fazer negócios. Não se pode negociar. Não se pode possuir um homem ou uma mulher. Mas todo mundo está tentando fazer isso na Terra como um todo.

O resultado é esse manicômio que chamam de planeta Terra. As pessoas tentam possuir, o que é naturalmente impossível, pois não pode acontecer pela própria natureza das coisas. Como consequência, há sofrimento. Quanto mais se tenta possuir uma pessoa, mais essa pessoa tenta se tornar independente da outra, uma vez que todo ser humano tem o direito inato de ser livre, de ser ele mesmo.

Isso é uma invasão da privacidade da pessoa, que é o único lugar sagrado no mundo inteiro. Nem Israel é sagrado, nem Kashi é sagrado, nem Meca é sagrada. O único espaço sagrado no verdadeiro sentido é a privacidade de uma pessoa, sua independência, seu ser.

Aquele que ama uma pessoa nunca vai invadir sua privacidade. Nunca vai tentar ser um detetive, ser um *voyeur*, espiar a privacidade do outro. Pelo contrário, vai respeitar a privacidade

---

[8] *The Transmission of the Lamp* [A transmissão da lâmpada], Capítulo 17.

do outro. No entanto, basta olhar para os chamados amantes, maridos e esposas, namorados e namoradas. Tudo o que eles fazem, dia e noite, é encontrar meios de invadir, de entrar no mundo privado do outro. Eles não querem que o outro tenha alguma privacidade. Por quê?

E se a pessoa tem independência, privacidade, individualidade, eles ficam receosos. A pessoa amanhã pode não amá-los, pois o amor não é algo estagnado. É um momento, não tem nada a ver com permanência. Pode continuar por toda a eternidade, mas o amor é, basicamente, um fenômeno do momento. Se acontecer de novo, no momento seguinte, a pessoa é abençoada. Se não acontecer, ela deve ser grata por pelo menos ter acontecido antes.

Permaneça aberto: talvez possa acontecer de novo; se não for com essa pessoa, pode ser com outra. Não se trata de pessoas, trata-se de amor. O amor deve continuar a fluir, não deve ser interrompido.

Entretanto, em sua estupidez, as pessoas começam a pensar: "Se essa pessoa sair das minhas mãos, vou sofrer privação de amor a minha vida toda." E elas não sabem que, ao tentar manter essa pessoa permanentemente em seu cativeiro, vão sofrer privação. Não vão receber amor. Não se pode obter amor de um escravo. Não se pode obter amor das próprias possessões, ou seja, não se pode receber amor da cadeira, da mesa, da casa, da mobília.

Uma pessoa só consegue obter amor de um agente livre, cuja individualidade seja respeitada, cuja liberdade seja respeitada. É a partir da liberdade do outro que acontece esse momento de amor. Não se deve destruí-lo tentando possuir a pessoa, tentando mantê-la, criando uma escravidão legalizada, um casamento. A pessoa deve deixar que o outro seja livre, e permanecer livre ela própria. E também não deve deixar que alguém a possua.

Possuir ou ser possuído, ambos são horríveis. Aquele que é possuído perde sua própria alma.

Os amantes amam somente enquanto ainda não estão em um relacionamento fixo. À medida que a relação se estabiliza, o amor desaparece. Uma vez estabelecida a relação, em vez de amor, alguma outra coisa acontece: a possessividade.

Ainda chamam a isso de amor, mas não se pode enganar a existência. Não se pode mudar nada simplesmente chamando isso de amor. Agora é ódio, não é amor. É receio, não é amor. É ajuste, não é amor. É compromisso, não é amor. Pode ser qualquer coisa, mas não é amor.

Quanto mais profundamente você tentar compreender, mais claro vai ficar que o amor e o ódio não são duas coisas É apenas um erro linguístico chamá-los de amor e de ódio. No futuro, pelo menos nos livros e tratados de psicologia, não será usado "e" entre os dois. Na verdade, é melhor criar uma única palavra: "amoródio." Eles são dois lados da mesma moeda.[9]

"Vivo há um ano com um homem que gosta de estar com outras mulheres também, e não sei como lidar com o meu ciúme."

É sempre difícil para a mulher, a menos que ela passe a amar as pessoas. Caso contrário, vai continuar difícil. Ele não pode ser impedido e, se for, é também uma atitude desagradável. Assim você vai destruir a felicidade dele e, se a felicidade dele for destruída, ele vai se vingar de você, não vai se sentir tão amoroso. Se tentar dominá-lo, impedi-lo de ir aqui e ali, ele vai se sentir sufocado.

---

[9] *From Darkness to Light* [Da escuridão à luz], Capítulo 20.

O problema é que, ao longo dos séculos, o homem sempre viveu dessa maneira. E a mulher nunca viveu dessa maneira, por várias razões. Primeiro, nos velhos tempos, o problema eram os filhos, ou seja, se ficasse grávida, ela estaria em apuros. Portanto, era uma questão de segurança, finanças e tudo mais. Segundo, o próprio homem ensinava a mulher a ser pura, a ser virgem, a sempre amar uma única pessoa. O homem usava um padrão duplo: um padrão para a mulher e outro para ele mesmo. A mulher tem que ser pura, dedicada, se render. E o homem? Como dizem: "Meninos são meninos."

O homem mantinha toda a liberdade para si mesmo. E conseguia no passado, porque as finanças estavam em suas mãos. Portanto, em termos financeiros, ele era poderoso. Ele era educado, e era ele que trabalhava. A mulher não tinha emprego, não tinha educação. Todo o seu mundo estava limitado ao lar. Ela não tinha contatos fora de casa, de modo que era praticamente impossível se apaixonar. São necessários pelo menos alguns contatos para que alguém possa se apaixonar por alguém. E o homem criou grandes Muralhas da China em volta da mulher... Durante séculos os muçulmanos nem mesmo permitiram que o rosto de suas mulheres fosse visto pelos outros. E a mulher não podia falar com nenhum homem. Uma longa repressão, que chegou a alcançar até os ossos.

Agora as coisas mudaram. Hoje a mulher é educada, pode ter um emprego. Ela é tão livre quanto o homem. Pode conhecer pessoas, pode apaixonar-se, pode desfrutar a vida. O problema da gravidez é irrelevante agora, uma vez que a pílula foi uma das maiores liberdades. Mas a velha mente persiste, e não é algo pequeno, são milhares e milhares de anos de condicionamento. A mãe e a mãe da mãe e todas as mulheres que precederam a mulher atual eram todas condicionadas, e esse condicionamento penetrou nela também.

Portanto, o problema estará presente, a menos que as mulheres se tornem muito conscientes e o abandonem. Existem apenas duas possibilidades: uma delas é ser impertinente, como as mulheres vêm sendo há séculos. Isso não ajuda, simplesmente faz com que o homem sinta mais repulsa pela mulher. Quanto mais impertinente ela for, mais a mulher vai jogá-lo nos braços de outra, pois ele fica cansado dela, entediado com ela, e passa a querer ir a algum lugar para encontrar alguém que não vá incomodá-lo, e isso é um alívio. Isso não vai ajudar, e é destrutivo também.

A outra possibilidade é ser corajosa, e dizer a ele que, se ele se sente assim, que então tome nota disso: que você também vai agir da mesma forma. Não devem haver padrões duplos! Se ele desfruta do amor de outras mulheres, então você vai desfrutar do amor de outros homens. Você o ama, mas vai amar outras pessoas também. Basta deixar isso claro para ele. Se ele tiver receio, se for um tipo ciumento, de duas, uma: ou ele vai imediatamente dizer "Vou parar", e então para por conta própria, ou não haverá necessidade de você se preocupar, e então poderá passar a sair com outros também. Não há nada de errado nisso!

Não estou dizendo que ele esteja fazendo alguma coisa errada. Tudo o que quero dizer é que não devem existir dois padrões e sim apenas um único padrão, para homens e mulheres. Cada casal tem que decidir sobre um padrão único, que é o compromisso. Ou ambos decidem que vão viver apenas um para o outro, em uma relação monogâmica, o que é bom, se ambos assim decidem por vontade própria, com felicidade e alegria... Se não for possível, ele diz "Eu gostaria de manter a minha liberdade", e então você também mantém sua liberdade! Por que ser infeliz? A infelicidade surge porque ele está se divertindo e você está sentada lá pensando nele. Divirta-se também!

E esta não é uma questão que se aplica apenas a você. Esta vai ser uma questão para todas as mulheres no futuro. Reúna coragem e diga a ele antes que você comece a sair por aí: "Este vai ser o caso: não sinta ciúme de mim." Como os homens são ainda mais ciumentos, seu ego machista sente mais dor: "A minha mulher fazendo amor com outra pessoa?" Eles começam a sentir como se não fossem homens o suficiente. Mas daí, então, é problema dele. Primeiro, deixe claro que você deve seguir um determinado padrão. Quando duas pessoas decidem viver juntas, é preciso definir uma determinada regra de conduta. Quando a pessoa é sozinha, não há dúvidas em relação a nenhuma regra de conduta. Basta ter a regra do jogo, desde que seja aplicável a ambas as partes.

Portanto, qualquer que seja a decisão... ou ele decide não sair com outras, e então tudo bem, ou ele decide que ainda gostaria de ter a própria liberdade e, nesse caso, você está liberada. Nesse momento, então, não seja covarde, comece a sair por aí! Existe muita gente bonita. Por que ficar limitada a uma única? Cada pessoa pode contribuir com algo que ninguém mais pode. Cada pessoa tem uma determinada particularidade.

Por que não amar muitas pessoas e enriquecer o próprio amor? Na verdade, isso não vai contra o homem que ama. Minha própria observação é que, se uma pessoa ama muitas, muitas pessoas, ela vai amar seu amado ainda mais, pois vai ficar mais hábil no amor. Trata-se de uma aritmética simples. Ela terá muitos aspectos do amor disponíveis para enriquecer o seu conhecimento. E vai tornar-se mais evoluída e madura, ponderada.

Além disso, esse apego a uma pessoa é uma espécie de imaturidade. Por que alguém deveria se apegar? O amor é lindo e divino, e todos são formas de Deus, então, por que alguém há de ficar obcecado com uma forma, quando a forma não é obcecada por ele? Se um é obcecado pelo outro, tudo bem.

Essa é uma ideia antiga e que não é cientificamente comprovada: a de que, se o homem, às vezes, sai e tem um caso com outra mulher, sua própria mulher sofrerá, porque não vai obter tanto amor como antes quando ele era só dela. Isso está errado.

Ela não vai sofrer, ela vai ter mais amor. E, em breve, depois de ver outras mulheres, de encontrar-se com outras mulheres repetidas vezes, ele vai chegar a uma conclusão: "Para que isso? A minha própria mulher pode dar tudo isso, e de uma maneira muito mais íntima, com muito mais dedicação, muito mais empenho. Por que eu deveria andar por aí como um mendigo?" Ele voltará para casa com um desejo maior por você.

De fato, a psicologia moderna sugere que, se é para o casamento ter continuidade, para mantê-lo, alguns casos extraconjugais são sempre bons e úteis. Se não houver casos extraconjugais, então o casamento torna-se um fenômeno entediante. Torna-se bastante pesado, pois é sempre o mesmo homem, a mesma mulher, a mesma conversa, o mesmo amor. Mais cedo ou mais tarde, tudo vira rotina. E, depois, a emoção se foi, e tudo fica repetitivo, monótono.

A mulher deve ter uma boa conversa com o homem e deixar claro que, se ele está se divertindo, ela também está livre. E que seja livre!

A liberdade precisa de um pouco de coragem, precisa de ousadia, mas ela vai se divertir. E não vai perturbar em nada seu relacionamento, vai é melhorá-lo. Ela vai parar de incomodar o amado. Quando ela começar a sair algumas vezes, com outras pessoas, vai parar de resmungar. Na verdade, é por isso que as mulheres não saem por aí, pois, daí, não vai fazer sentido reclamar. E elas gostam de reclamar, isso lhes dá poder.

Se elas também saem por aí, não podem fazer com que o homem se sinta culpado. E fazer o homem se sentir culpado dá enorme poder. Mas isso é errado. Nunca se deve fazer com que alguém se sinta culpado. Se uma pessoa ama outra, por que fazê-la se sentir culpada? Se o homem gosta disso dessa forma, a mulher deve deixar que seja dessa forma! A mulher também tem alguns pequenos casos de amor. Isso vai fazer com que ambos sejam livres um do outro. E quando o amor é livre e é dado a partir da liberdade, tem uma qualidade totalmente diferente. Tem algo realmente lindo nele.

Dessa maneira, não há nenhum conflito, nenhuma briga, nenhum ciúme, nada desse tipo. Há uma relação tranquila, calma e sossegada. Quando a mulher também sai em busca de novos amores e o homem sai em busca de novos amores, ambos estão sempre em uma espécie de lua de mel, e reunir-se é sempre lindo. Assim as coisas nunca ficam velhas e podres.

Basta um pouco de coragem... e isso acontecerá![10]

"Gostaria que você falasse um pouco sobre o fenômeno da velhice."

Mais cedo ou mais tarde todo mundo está fadado a envelhecer. É preciso compreender a beleza da velhice, e é preciso compreender a liberdade da velhice. É preciso compreender a sabedoria da velhice, é preciso compreender o grande desapego na velhice em relação a todas as bobagens que ocorrem na vida das pessoas que ainda são jovens.

A velhice proporciona à pessoa um patamar elevado. Se esse patamar elevado puder se unir à meditação... é de se perguntar: por que perdi a minha juventude? Por que meus pais destruíram a minha infância? Por que a meditação não me foi dada como primeira dádiva, no dia em que nasci? Quando quer que obtenha essa dádiva, não será tarde demais. Mesmo que sejam apenas alguns momentos antes de sua morte, se a pessoa conseguir obter o significado de seu ser, sua vida não terá sido um desperdício.

A velhice no Oriente é bastante respeitada. No passado, achava-se que era um ato praticamente desavergonhado que,

---

[10] *Don't Look Before You Leap* [Não olhe antes de pular], Capítulo 1.

mesmo depois que os filhos se casavam, e geravam seus próprios filhos, as pessoas mais velhas ainda se encontravam enfeitiçadas e presas ao cativeiro da biologia. Os mais velhos deveriam subir, pois era hora de deixar o terreno para que outros tolos jogassem futebol. No máximo, eles poderiam ser um árbitro, mas não mais um jogador.

A menos que as pessoas aceitem tudo o que a vida traz com gratidão, elas estão perdendo o foco. A infância foi bela, a juventude tem suas próprias flores, a velhice tem seus próprios picos de consciência. Mas o problema é que a infância vem por conta própria, enquanto para a velhice é preciso ser muito criativo.

A velhice é criação de cada um. Pode ser um sofrimento, pode ser uma celebração, pode simplesmente ser um desespero ou também pode ser uma dança. Tudo depende do quanto a pessoa está preparada para aceitar a existência, independentemente do que ela traga. Um dia trará a morte também, e que deve ser aceita com gratidão.[11]

"Por que estou sempre com medo de envelhecer?"

A vida, se vivida de forma adequada, nunca tem medo da morte. Aquele que viveu sua vida, acolherá a morte. A morte virá como um descanso, como um sono profundo. Para aquele que atingiu o pico, e chegou ao clímax de sua vida, a morte é um belo descanso, uma bênção. Entretanto, para aquele que não viveu, é claro que a morte gera medo. Se não viveu, então, com certeza, a morte vai tirar de suas mãos o tempo, todas as oportunidades futuras de viver. No passado, essa pessoa não viveu, e não haverá nenhum futuro: surge o medo. O medo

---

[11] *The Great Pilgrimage: From Here to There* [A grande peregrinação: daqui para aqui], Capítulo 13.

não surge por causa da morte, mas devido à vida não vivida. E, em função do medo da morte, a velhice também provoca medo, pois esse é o primeiro passo para a morte. Apesar disso, a velhice também é bela. É um amadurecimento do ser, maturidade, crescimento. Se a pessoa vive, a cada momento, todos os desafios que a vida lhe apresenta, e usa todas as oportunidades que a vida lhe oferece, e se ousa se aventurar rumo ao desconhecido para o qual a vida a chama e a convida, então a velhice significa maturidade. Caso contrário, a velhice é uma doença.

Infelizmente, muitas pessoas simplesmente envelhecem, tornam-se velhas sem nenhuma maturidade que corresponda à idade. Nesse caso, a velhice é um fardo. A pessoa envelheceu no corpo, mas sua consciência continuou juvenil. Envelheceu no corpo, mas não amadureceu em sua vida interior. Falta a luz interior, e a morte se aproxima a cada dia. É claro que a pessoa vai tremer e ter medo, e surgirá uma grande angústia dentro dela.

Aqueles que vivem de forma adequada aceitam a velhice com um profundo acolhimento, pois a velhice simplesmente diz que agora eles vão florescer, que vão dar frutos, que agora vão ser capazes de compartilhar o que quer que tenham alcançado.

A velhice é imensamente bela, e deve ser assim, porque a vida como um todo se move em direção a ela e, portanto, ela deve ser o pico máximo. Como o pico poderia estar no início? Como o pico poderia estar no meio? No entanto, se alguém acha que sua infância é o pico, como muitas pessoas acham, então é claro que toda a sua vida vai ser um sofrimento, uma vez que já atingiu o seu pico, e agora tudo estará em declínio, desmoronando. Se alguém acha que sua juventude é o pico, como muita gente acha, então é claro que, depois dos 35 anos, vai se tornar uma pessoa triste, depressiva, porque todos os dias estará perdendo e perdendo e perdendo, e não vai ganhar nada. A energia será perdida, a pessoa vai ficar fraca, doenças vão entrar em seu ser, e a morte vai começar a bater na porta. A casa vai desaparecer e, no seu lugar, vai aparecer o hospital. Essas pessoas podem ser felizes? Não. Mas no Oriente nunca se pensou que a infância ou a juventude fosse o pico máximo. O pico aguarda o fim.

E se a vida flui devidamente, aos poucos as pessoas alcançam picos cada vez mais altos. A morte é o pico final que a vida atinge, o auge.

Mas por que as pessoas estão perdendo a vida? Por que estão envelhecendo sem amadurecimento? Em algum lugar algo deu errado, em algum lugar elas seguiram o caminho errado, em algum lugar concordaram em seguir o caminho errado. Esse acordo tem que ser quebrado, esse contrato tem que ser queimado. Isso é o que eu chamo de *sannyas*: uma compreensão de que "Até agora vivi de maneira errada. Eu me comprometi, não vivi realmente".

Quando criança, as pessoas se comprometem. Elas vendem seu ser. Por nada. O que elas ganham é simplesmente nada, apenas lixo. Perdem sua alma por coisas pequenas. Concordam em ser alguém diferente de si mesmas, que é onde perdem seu caminho. A mãe quer que elas se tornem alguém, o pai quer que elas se tornem alguém, a sociedade quer que elas se tornem alguém, e elas concordam. Aos poucos, elas decidem não ser elas mesmas. E, desde então, fingem ser outra pessoa.

Não podem amadurecer porque essa outra pessoa não pode amadurecer. Ela é falsa. Se alguém usa uma máscara, a máscara não pode amadurecer, pois está morta. O rosto pode amadurecer, mas a máscara, não. E é só a máscara que envelhece, pois, por trás da máscara, escondida, a pessoa não cresce. Ela só pode crescer se aceitar a si mesma, aceitar que vai ser ela mesma e ninguém mais.

A roseira concordou em se tornar um elefante, e o elefante concordou em se tornar uma roseira. A águia está preocupada, quase a ponto de consultar um psiquiatra, porque quer se tornar um cachorro, e o cachorro é hospitalizado porque quer voar como uma águia. Isso foi o que aconteceu com a humanidade. A maior calamidade para alguém é concordar em ser outra pessoa, pois nunca conseguirá amadurecer.

Ninguém nunca amadurece sendo outra pessoa. Uma pessoa só pode amadurecer sendo ela própria. O "deve-se fazer isso e aquilo" tem que ser descartado, além de ser necessário abandonar a preocupação demasiada com o que as pessoas dizem. Qual é a opinião deles? Quem são eles? As pessoas vêm aqui para serem elas mesmas, não estão aqui para satisfazer as expectativas de outra pessoa, que é o que todo mundo está tentando fazer. O pai pode estar morto e o filho está tentando cumprir uma promessa feita a ele. E ele estava tentando cumprir uma promessa feita ao próprio pai, e assim por diante. A tolice vem desde o princípio.

É preciso tentar entender e ter coragem. E ter a vida nas próprias mãos. De repente, vai ser possível ver uma explosão de energia. No momento em que a pessoa decide "Vou ser eu mesmo e mais ninguém. Seja qual for o custo, vou ser eu mesmo", nesse exato momento ela perceberá uma grande mudança. Vai se sentir vital. Vai sentir a energia fluindo e pulsando em si mesma.

A menos que isso aconteça, as pessoas vão ter medo da velhice, pois como podem evitar perceber que estão perdendo tempo em vez de viver e que a velhice está chegando e, então, que elas vão ser capazes de viver? Como podem evitar perceber que a morte está lá esperando, e todo dia ela chega cada vez mais perto, e que elas ainda não viveram? Elas estão fadadas a permanecer em profunda angústia. Portanto, se me perguntarem o que fazer, vou sugerir a coisa básica.[12]

---

[12] *Yoga: The Alpha & Omega* [Yoga: o alfa e o ômega], Volume 9, Capítulo 4.

Meditação

"Será que precisamos de meditações especiais para as mulheres?"

Não. A meditação está relacionada à consciência de cada um, e a consciência não é feminina nem masculina. Este é um dos fundamentos que eu quero que o mundo tenha conhecimento.

Todas as religiões negaram à mulher qualquer possibilidade de crescimento espiritual, ao considerarem que seu corpo era diferente, sua biologia era diferente: ela não seria capaz de chegar ao florescimento supremo da consciência. Mas é estranho que ninguém, ao longo dos séculos, nunca tenha indagado: quem chega ao florescimento supremo: o corpo, a mente ou a consciência?

O corpo é diferente. Se o corpo entrasse em meditação, então, certamente, haveria a necessidade de meditações diferentes para mulheres e para homens. Como o corpo não está envolvido na medicação, não há motivo para nenhuma diferença. Por exemplo, na yoga, onde o corpo é muito importante, uma vez que todas as posturas de yoga são basicamente enraizadas na fisiologia, há muitas posturas que não são apropriadas para o corpo da mulher e, por outro lado, há muitas outras que são mais apropriadas para o corpo da mulher do que para o corpo do homem. Portanto, a yoga pode fazer uma distinção: yoga para os homens e yoga para as mulheres.

A mente também é diferente. O homem pensa de forma lógica, linguística. A mulher é mais afetada pelas emoções, pelos sentimentos, que não são verbais. É por isso que ela tende a não querer argumentar. Em vez disso, ela gostaria de gritar e brigar, chorar e verter lágrimas. Essa é a maneira de agir da mulher há séculos, e ela ganha nisso, pois o homem simplesmente se sente envergonhado. Ele pode estar certo em termos lógicos, mas a mulher não funciona de forma lógica.

Portanto, se a meditação estivesse relacionada com a mente, então também haveria um tipo diferente de meditação para mulheres e uma para os homens. Mas a meditação está relacionada com o núcleo essencial do ser de cada um, que não pode ser dividido em masculino e feminino.

A consciência é simplesmente a consciência. Um espelho é um espelho. Não é masculino, não é feminino. Ele simplesmente reflete.

A consciência é exatamente como um espelho que reflete. E a meditação permite que o espelho da pessoa reflita, apenas reflita a mente em ação, o corpo em ação. Não importa se o corpo é de um homem ou de uma mulher, não importa como funciona a mente, se emocionalmente ou de forma lógica. Qualquer que seja o caso, a consciência tem apenas que estar atenta a isso. Esse estado de alerta, de consciência, é a meditação.

Portanto, não existe a possibilidade de nenhuma diferença na meditação entre homem e mulher.[1]

---

[1] *Luz no caminho*, Capítulo 35.

"Qual é a maneira correta de meditar?"

Você quer conhecer a meditação correta. O primeiro e mais importante trabalho é limpar o interior do próprio ser de todos os pensamentos. Não está em jogo escolher manter os bons pensamentos e jogar fora os maus pensamentos. Para um praticante de meditação, todos os pensamentos são mero lixo, não importa se bons ou ruins. Todos eles ocupam o espaço dentro de si e, em função dessa ocupação, o ser interior não consegue ficar absolutamente em silêncio. Portanto, bons pensamentos são tão ruins quanto os maus pensamentos, e não se deve fazer nenhuma discriminação entre eles. Jogue o bebê fora com a água do banho!

A meditação precisa de absoluto silêncio, um silêncio tão profundo que nada mexe dentro da pessoa. Uma vez compreendido o que significa a meditação, não é difícil alcançá-la. É um direito inato de cada um, e todos são totalmente capazes de têlo. No entanto, não se pode ter ambos: a mente e a meditação.

A mente é um distúrbio. A mente não é nada além de uma loucura normal.

É preciso ir além da mente, em um espaço onde nenhum pensamento jamais entrou, onde não funcione nenhuma imaginação, onde não surja nenhum sonho, onde a pessoa seja apenas um ninguém.

É mais uma compreensão do que uma disciplina. Não é que se tenha que fazer muito; pelo contrário, não se tem que fazer nada, exceto compreender o que é a meditação. Essa mesma compreensão vai interromper o funcionamento da mente. Essa compreensão é quase como um mestre diante de quem os serviçais param de discutir entre si, ou mesmo de falar uns com os outros. De repente, o mestre entra na casa, e há silêncio. Todos os serviçais começam a se ocupar ou, pelo menos, parecem estar ocupados. Momentos antes, estavam todos discordando, brigando e discutindo, e ninguém estava fazendo nada.

Compreender o que é meditação é convidar o mestre para entrar. A mente é um serviçal. No momento em que o mestre entra, com todo o seu silêncio, com toda a sua alegria, de repente, a mente cai em silêncio absoluto.

Uma vez alcançado o espaço de meditação, a iluminação é mera questão de tempo. Não se pode forçá-la. É preciso estar apenas à espera, uma espera intensa, com um grande desejo, quase como a sede, a fome, nem uma palavra.

Em meditação, o desejo torna-se apenas uma sede pela iluminação, e uma espera paciente, uma vez que se trata de um fenômeno tão grande e cada ser humano é tão pequeno. As mãos não podem alcançá-la, não está ao seu alcance. Ela virá e oprimirá o indivíduo, mas nada pode ser feito para trazê-la ao seu encontro. O indivíduo é muito pequeno, suas energias são muito pequenas. Mas sempre que estiver realmente à espera, com paciência, com desejo e paixão, ela virá. No momento certo, ela vem. Ela sempre vem.[2]

---

[2] *The New Dawn* [O novo alvorecer], Capítulo 16.

Informações adicionais

www.OSHO.com

Um site de fácil compreensão que abriga a revista e os livros de OSHO, o acervo da OSHO Talks, em formato de áudio e vídeo, e os textos da OSHO Library, em inglês e híndi, além de ampla informação sobre a OSHO Meditations. Você poderá encontrar o programa da OSHO Multiversity e mais detalhes sobre o Resort Internacional de Meditação OSHO.

Sites:

http://OSHO.com/resort
http://OSHO.com/AllAboutOSHO
http://OSHO.com/shop
http://www.youtube.com/OSHO
http://www.twitter.com/OSHOtimes
http://facebook.com/pages/OSHO.International
http://www.flickr.com/photos/oshointernational

Para entrar em contato com a **OSHO International Foundation**: www.osho.com/oshointernational

Resort Internacional de Meditação

O Resort Internacional de Meditação Osho é um ótimo local para passar férias e para ter uma experiência pessoal direta de uma nova maneira de viver, com mais atenção, relaxamento e diversão. Localizado em Puna, Índia, aproximadamente 160 quilômetros a sudeste de Mumbai, o resort oferece uma variedade de programas a milhares de pessoas que o visitam a cada ano, procedentes de mais de cem países.

Criada originalmente como um retiro de verão destinado a marajás e a colonialistas ingleses abastados, Puna é atualmente uma cidade moderna e próspera, que abriga inúmeras universidades e indústrias de alta tecnologia.

O Resort de Meditação ocupa uma área de mais de quarenta acres em um bairro residencial muito arborizado, chamado Koregaon Park. Seu *campus* oferece um número limitado de acomodações para visitantes numa nova casa de hóspedes, mas existe uma grande variedade de hotéis e apartamentos próximos, que ficam disponíveis para permanência de alguns dias a vários meses.

Os programas do Resort de Meditação se baseiam todos na visão de Osho de um novo tipo de ser humano, capaz, ao mesmo tempo, de participar criativamente da vida cotidiana e de buscar relaxamento no silêncio e na meditação. Realizada em instalações modernas, com ar-condicionado, a maioria dos programas inclui uma variedade de sessões individuais, cursos e workshops, que abrangem desde artes criativas até tratamentos holísticos de saúde, terapia e transformação pessoal, ciências esotéricas, abordagem zen nos esportes e recreação, questões de relacionamento e transições significativas da vida para homens e mulheres. Sessões individuais e workshops em grupo são oferecidos durante todo o ano, ao lado de uma programação diária integral de meditações.

Cafés e restaurantes ao ar livre, situados na própria área do resort, servem cardápios indianos tradicionais e uma variedade de pratos internacionais, todos feitos com vegetais produzidos organicamente na própria fazenda. O *campus* tem seu próprio suprimento de água potável de boa qualidade.

www.osho.com/resort

Este livro foi composto na tipologia Adobe Caslon Pro,
em corpo 11/15,25, e impresso em papel off-white
no Sistema Cameron da Divisão Gráfica
da Distribuidora Record.